RONNY OLIVEIRA

LOS QUE CAMINAN NO ENTIENDEN A LOS QUE VUELAN

CUANDO EL ÉXITO *SE TRANSFORMA* **EN UN PROBLEMA**

Las citas de la Escritura marcadas (RVR 60) han sido tomadas de la versión Reina-Valera 1960 ® © Sociedades Bíblicas en América Latina, 1960. Todas las citas de la Escritura han sido tomadas de la Santa Biblia, Nueva Versión Internacional® NVI® © 1999, 2015 por Bíblica, Inc.®, Inc.® Usadas con permiso de Bíblica, Inc.® Reservados todos los derechos en todo el mundo.

LOS QUE CAMINAN NO ENTIENDEN A LOS QUE VUELAN

CUANDO EL ÉXITO SE TRANSFORMA EN UN PROBLEMA

POR RONNY OLIVEIRA

Publicado y Distribuido por **EDITORIAL RENACER**

Paperback   978-1-963920-13-0
Hardback   978-1-963920-14-7
E-book   978-1-963920-15-4

Editado por Gisella Sawin

Diseño de Portada e Interior: Pablo Montenegro

IMPRESO EN COLOMBIA

Ninguna parte de este libro puede ser reproducida o transmitida de ninguna manera o por ningún medio, electrónico o mecánico —fotocopiado, grabado, o por ningún sistema de almacenamiento y recuperación (o reproducción) de información— sin permiso por escrito del autor.

AGRADECIMIENTOS

Gracias a mi amada esposa Glaucia, por no mirar por vista, sino por fe. Gracias por haber caminado conmigo hasta aquí. Y hoy le digo: «Largo camino nos queda». Gracias por haber creído a cada promesa, cada palabra. Si estoy donde estoy, es en primer lugar por Dios, luego por ti. Eres mucho más de lo que a Dios le pedí.

—**Ronny Oliveira**

RONNY OLIVEIRA

LOS QUE CAMINAN NO ENTIENDEN A LOS QUE VUELAN

DEDICATORIA

Dedico este libro a mis tres hijos, Gabriel, Lucas y David, porque siempre me esperan en casa, sin reclamar, sin murmurar. ¡Gracias por compartirme con los demás! Y como siempre les digo: ¡Papá siempre vuelve!

Los amo con todo mi corazón.

CONTENIDO

AGRADECIMIENTOS 3

DEDICATORIA 7

INTRODUCCIÓN 11

CAPÍTULO 1
EL CIELO NO SE OLVIDÓ DE TI 15

CAPÍTULO 2
DESCUBRIENDO TU PROPÓSITO 33

CAPÍTULO 3
GENERACIÓN BENDECIDA 55

CAPÍTULO 4
HONRANDO A LA MUJER 75

CAPÍTULO 5
CIELOS ABIERTOS PARA VOLAR 89

CAPÍTULO 6
CONECTADOS CON SU GLORIA 107

CAPÍTULO 7
TU UNCIÓN NO ESTÁ A LA VENTA 119

CAPÍTULO 8
UNA TRANSICIÓN CULTURAL Y GENERACIONAL................... 129

CAPÍTULO 9
PROVOCADORES DE AVIVAMIENTO 149

CAPÍTULO 10
LOS IMPROBABLES 169

ACERCA DEL AUTOR 189

INTRODUCCIÓN

A lo largo de esos 20 años ministrando alrededor del mundo y conociendo personas y culturas diferentes, llegué a la conclusión de algo: «Es un tema global», «sucede en todos lados».

Entender eso me ayudó mucho y cuando termines de leer este libro, estoy seguro de que te ayudará muchísimo a mirar las cosas desde otra perspectiva, la de arriba, la del cielo.

Lo que más me animó a escribir este libro fue que me di cuenta de que llega un momento en la vida en que aquellas personas que se llevaban tan bien, ya no se entienden. Uno dice «arriba», el otro entiende «abajo», uno dice «izquierda», y el otro entiende «derecha».

Un día, una mujer me preguntó: «Pr. Ronny, ¿cómo es posible que dos personas que se amen tanto no se entiendan? ¿Cómo puede ser que dos personas que se aman confronten constantemente? Yo lo amo, y él me ama, pero desde hace un buen tiempo no nos entendemos».|

Por este y otros motivos que te explicaré a lo largo de este libro, arribé a la conclusión de que hay un momento en que Dios cambia su forma de moverse. Es justo ahí donde ocurre una transición y un rompimiento. No estar atento a eso, no entender este tiempo o esta etapa en la vida puede traer mucho dolor, frustración, tristeza, y todas las otras emociones que atraen la tan famosa «incomprensión». Porque el que camina no entiende al que vuela.

El que camina tropieza y cae. El que vuela no tropieza ni cae. El que camina mira desde abajo. El que vuela mira desde arriba. El que camina oye al hombre. El que vuela, oye a Dios. El que camina, habla de miles. El que vuela, habla de millones.

Cuando el niño Ismael nació, Sara se alegró, Agar se alegró y Abraham se alegró (aunque este no era el hijo de la promesa). Todos se alegraron. Pero cuando nació Isaac, Sara se alegró, Ismael se alegró, Agar se alegró y Abraham se alegró (porque el hijo de la promesa había nacido).

Pero cuando el niño creció, hubo problemas entre ellos y echaron a Agar junto con Ismael a un desierto, lejos. ¿Por qué? ¡Simple!

INTRODUCCIÓN

LA GENTE SOPORTA VERTE NACER, PERO NO TOLERA VERTE CRECER.

Es por eso que debes entender que el éxito trae aparejado consigo algunos problemas, uno de ellos es la incomprensión. Dios te diseñó con la capacidad de alcanzar mucho más de lo que tienes ahora. Él te dio la habilidad para llegar mucho más lejos de donde estás ahora. Todo esto ya está dentro de ti. Oro para que antes que termines de leer este libro, todo lo que tengas dentro de ti sea activado, destrabado y habilitado.

Dios quiere que abras tus alas y descubras que Él también te diseñó para volar. El hecho de que mucha gente no te entienda es la evidencia de que Dios está llamándote a algo mucho más grande. Muchos no te comprenderán. No entenderán la razón del por qué ya no caminas, sino que corres, de por qué vuelas mientras ellos caminan. Pero debes mantenerte enfocado y entender que Dios te está llamando a ser parte de esta generación que ya no camina, sino que vuela.

¡Dios te está invitando a volar! El camino no será fácil, pero terminarás en gloria.

¿Estás LISTO? ¡Aquí arrancamos!

RONNY OLIVEIRA

CAPÍTULO 1

EL CIELO NO SE OLVIDÓ DE TI

La historia de Mefi-boset pudo haber sido la tuya o la mía. Muchos de nosotros podemos vernos reflejados en ella. Conocer acerca de su vida, es despertar a la esperanza, a una nueva oportunidad de creer.

Mefi-boset era un niño de cinco años que tenía todo para ser el mejor, pero por las circunstancias de la vida, no fue así. Este niño era nieto del rey Saúl. Por lo tanto, su papá había sido un príncipe y su mamá una princesa.

Imagina los desayunos en el palacio. Esas largas mesas vestidas con elegantes manteles cubiertos de deliciosas bandejas repletas de exquisitos manjares. Su habitación era especial. Allí estaba la cama donde nació con la bendición de vivir en un Palacio. Todo iba muy bien. Era una familia envidiable. Aquellos que los miraban desde afuera pensarían: «¡Qué bonita familia! ¡Qué privilegio!».

De la noche a la mañana, todo cambió. Mataron al rey Saúl (su abuelo) y a Jonathan (su padre). Así se desató un desastre a su alrededor, a tal punto que, esta historia tan bonita, llena de colores, se tiñó de oscuridad, tristeza y desesperanza, porque también mataron a todos los integrantes del palacio. Cuando un reinado era invadido por otro, todos los descendientes del rey debían morir para que nadie pueda reclamar su lugar. Los que vivían en aquel tiempo sabían que eso era lo que sucedería. Por lo tanto, al morir Saúl y su hijo, la familia real sería exterminada.

Pero una valiente nodriza, al ver el peligro sobre la vida del niño, parte del linaje real, lo tomó en sus brazos y comenzó a correr para salvar al pequeño de la muerte. En medio de su carrera por la vida, tropezó y cayó con el niño en brazos. Como resultado, los pies del niño se quebraron y quedó lisiado. En medio del dolor del niño, la nodriza escapó lejos del Palacio, camino a un rumbo desconocido.

A la mañana siguiente, Mefi-boset despertó en otra cama que no era la de él, en una casa que no era el Palacio y soportando un gran dolor en sus piernas quebradas. A la única persona que reconocía era a su nodriza, que le había salvado la vida.

¡Qué rápido puede cambiar la historia de una persona! En un abrir y cerrar de ojos, todo cambió. Hay quienes recuerdan:

«Parece que fue ayer cuando tenía una familia hermosa sentada alrededor de la mesa. Mientras algunos comían, otros se reían contando anécdotas de lo que había pasado».

Otros dicen: «Aún recuerdo cuando mis hijos eran chiquitos y estaban todos juntos, reunidos bajo mis alas. Y todo en mi vida marchaba bien, pero no sé cómo, no entiendo por qué, de pronto, la vida cambió por completo. Hoy todo lo que hay son recuerdos de lo que un día fuimos». Algunos dicen: «Recuerdo los mejores años de mi vida, de mi juventud, cuando realmente era feliz».

Amado lector, tengo un mensaje de Dios para tu vida: «Tus mejores años están por llegar». Profetizo sobre tu vida que tus mejores días en Dios acaban de comenzar. Los pensamientos de Dios para ti son de nuevas oportunidades: «porque yo sé los pensamientos que tengo acerca de vosotros, dice Jehová, pensamientos de paz, y no de mal, para daros el fin que esperáis» (Jeremías 29:11).

"TUS MEJORES AÑOS ESTÁN POR LLEGAR."

El salmista afirma: «Aunque ande en valle de sombra de muerte no temeré». Él no dijo: «Aunque habite». Él dijo: «Aunque ande (…)». Dile a este valle, a esta crisis, a este desierto, a este problema: «¡Disfrútame mientras me tengas, porque voy de pasada!»

La historia sigue. Esto no termina así. Porque tu historia no termina aquí. Tu familia no termina así. Tu matrimonio no acaba así. Tus hijos no terminan de esta manera. Tu vida ministerial no concluye así. Tu empresa no termina así. Aún estamos en la mitad de la historia, en la mitad del camino. ¡Esto no termina así!

¿DE QUIÉN ES LA CULPA?

Mefi-boset tenía sus piernas quebradas, sin familia y lejos del Palacio. Resignadamente, él aceptó su vida de esa manera. ¿Qué podía comprender un niño inocente?

Pero los años pasaron y Mefi-boset creció hasta convertirse en un adolescente que empezó a hacer preguntas que reforzarían sus inseguridades y su discapacidad. Imagino sus cuestionamientos cada mañana: «¿Qué culpa tengo yo? No pedí nacer en esta familia, en este país, en esta ciudad».

Seguramente la misma pregunta que nos habremos hecho tú y yo alguna vez: «¿Qué hice de malo? Yo no tengo la culpa. Ni siquiera sé el por qué, yo no pedí nada de esto, no busqué nada de eso». Es justo ahí donde comenzamos a buscar culpables.

Mefi-boset pensaría: «¿Fue culpa de mi papá por haber sido Príncipe? ¿Fue culpa de mi mamá por haber sido princesa? ¿Fue culpa de mi abuelo por haber sido el rey? ¿O fue culpa de Dios que no me vio y permitió que quedara lisiado?».

Cuando atravesamos situaciones difíciles, nos cuestionamos y nos quejamos de aquello por lo cual antes agradecíamos. Probablemente, mientras Mefi-boset vivía en el palacio, diría: «¡Qué privilegio es ser hijo del príncipe, nieto de rey! ¡Qué maravilloso es despertarme aquí! ¡Qué bendición este palacio!». Y luego reclamaría: «Yo no pedí nacer en una familia real. Yo no pedí ser nieto de Saúl, parte del linaje real».

"TU HISTORIA NO TERMINA AQUÍ."

Es curioso nuestro comportamiento. Un día, cuando todo está bien, agradecemos a Dios. Al día siguiente, le reclamamos por aquello que antes le agradecíamos. Cuando eres soltero, lloras sobre la almohada solitaria diciendo: «No aguanto más esta vida de soledad. Señor, ya quiero casarme». Y cuando te casas, reclamas diciendo: «Dios, no aguanto más este hombre o esta mujer. Quiero mi almohada solitaria otra vez». (Puedo afirmar que ahora mismo te estás riendo). Es curioso cómo hoy le reclamamos a Dios por aquello que un día le pedimos con lágrimas.

A lo largo de estos años visité más de 60 países ministrando la Palabra de Dios, y pude escuchar a muchas personas, especialmente latinoamericanos, decir: «Necesito entrar a los Estados Unidos para poder trabajar, crecer económicamente y ayudar a mi familia. Si solamente pudiera cruzar sin que nadie me retenga, sería feliz. Con eso sería suficiente para mí».

Pero en algunos de mis viajes a los Estados Unidos, pude conversar con personas que viven allí, que tienen su casa, su trabajo y se sientan en sillas confortables mientras piensan: «No sé qué hago en este país. Este frío no es para mí. Antes era feliz y no lo sabía. Si pudiera regresar». Imagino que, al escucharlo, Dios respondería: «Hola Mefi-boset, ¡te reconozco!».

"ESTO NO TERMINA ASÍ."

¡Qué bendición para una mujer cuando es mamá por primera vez! Arropa a su primer hijo, y a partir de ese momento, algo cambia en ella. Antes de ser madre podía desmoronarse el predio del costado, llegar los bomberos y continuaba durmiendo plácidamente, nada la despertaba. Su sueño era profundo. Pero cuando nace su primer hijo, cualquier sonido que el bebé pudiera llegar a hacer, la despierta rápidamente y corre a ver si algo le está sucediendo. A partir de ese momento nunca más vuelve a dormir tranquila como antes. Pero luego ese niño crece, se hace adolescente, y comienza a darle algunos dolores de cabeza, algunas preocupaciones. Y aquello por lo que antes agradecía, ahora se queja.

¡Jamás te quejes de una bendición que le has pedido a Dios! Ya sea por ese trabajo que hoy tienes (aunque no sea fácil tener que aguantar el mal humor de tu jefe insoportable o de las personas que insisten en hacer tu vida imposible). Recuerda que un día, le pediste a Dios que te diera este trabajo, incluso oraste agradeciendo el día que te contrataron. Así como tampoco te quejes por esos hijos que dedicaste a Dios al nacer, y hoy quizás están tomando decisiones equivocadas.

Seguramente, Mefi-boset se preguntaba: «¿Por qué? ¿Por qué aquí? ¿Por qué a mí?». Pero la Biblia dice que, aunque vivía lejos del Palacio y estaba lisiado, no estaba en la calle. Mefi-boset vivía en la casa de un hombre llamado Maquir.

En los peores momentos de tu vida, Dios separará a una persona, preparará una casa, y no estarás solo, abandonado. Seguramente Dios ya puso un Maquir en algún momento de tu vida. Maquir es justamente aquella persona que no te dejó en tu peor momento, cuando estabas quebrado en dolor, sin nada, cuando no tenías nada que ofrecer a cambio, y apareció esta mano extendida, que hasta hoy te trae paz al recordarlo. Ese fue tu Maquir. Te animo ahora mismo a enviarle un mensaje de gratitud, agradeciéndole por no haberte dejado tirado en tu peor momento. La gratitud agrada a Dios. Maquir nos hace entender el cuidado de Dios y que Él siempre se encargará de ti.

Si alguna vez dijiste: «Dios no está conmigo. A Él no le importo. Él no quiere saber nada de mi vida». Al mirar hacia atrás verás que en el momento en que aparentemente todo iba mal, Dios había preparado a una persona y un lugar, para que jamás te sintieras abandonado ni lejos del alcance de los ojos de Dios.

Aunque no vivía en un palacio ni tenía una cama real, pero era una cama. No comía en la mesa real, pero era una mesa.

No vivía como hubiera querido, pero estaba con vida. ¿Qué prefieres, estar lisiado o muerto? Si las piernas de aquel joven no se hubieran roto, tampoco estaría con vida. Hay cosas que sucedieron en tu vida para que finalmente estuvieras con vida, porque Dios jamás se equivoca.

Un lisiado jamás hubiera podido sentarse en el trono. Seguramente, si alguien se hubiera enterado que este jovencito estaba vivo, tampoco lo hubieran ido a buscar para matarlo, porque a sus ojos, jamás ocuparía el lugar de rey. La provisión divina lo guardó, lo cuidó y lo protegió.

EL REY TE ESTÁ BUSCANDO

Luego de varios años, David derrotó a los filisteos y después de varias victorias más, finalmente fue rey de Israel. Tomó su lugar en el trono y el palacio fue su hogar. Una noche, David perdió el sueño y vino a su memoria el recuerdo de su amigo Jonatan, y pensó: «¡Qué hermosos momentos hemos vivido juntos! Aunque un día Saúl, su papá, quiso matarme, y por este amigo me salvé. Me acuerdo como si fuera hoy de su amistad y su benevolencia. ¿Será que habrá quedado alguien vivo de su descendencia?».

Habrá momentos en los que Dios le quitará el sueño a alguien para que piense en ti, solo para bendecirte. Mefi-boset desconocía que Dios estaba inquietando a alguien en el palacio para bendecirlo. Seguramente tú no tienes idea, pero mientras lees estas páginas, Dios está inquietando a alguien para hacer benevolencia contigo, para buscarte, para hablarte, para bendecirte. ¿Lo crees? Entonces, ¡sigo! Hay un Rey que te está buscando. Hay un Palacio que te espera. Mefi-boset no sabía que aquellas serían las últimas lágrimas de esa noche. Él no sabía que «el llanto dura una noche, pero la alegría viene por la mañana». Dios puede cambiar tu historia más rápido de lo que te imaginas.

A la mañana siguiente, David comenzó a preguntarle a los siervos que habían quedado en el Palacio, qué había sido de los descendientes de Saúl:

«¿Ha quedado alguno de la casa de Saúl, a quien haga yo misericordia por amor de Jonatán? Y había un siervo de la casa de Saúl, que se llamaba Siba, al cual llamaron para que viniese a David. Y el rey le dijo: ¿Eres tú Siba? Y él respondió: Tu siervo. El rey le dijo: ¿No ha quedado nadie de la casa de Saúl, a quien haga yo misericordia de Dios? Y Siba respondió al rey: Aún ha quedado un hijo de Jonatán, lisiado de los pies. Entonces el rey le preguntó: ¿Dónde está? Y Siba respondió al rey: He aquí, está en casa de Maquir hijo de Amiel, en Lodebar» (2 Samuel 9:1-4).

Siba sabía dónde estaba Mefi-boset, pero nunca había hecho nada para ayudarlo. Hay gente que conoce tu historia, sabe lo duro que lo estás pasando, entiende lo difícil que es para ti, pero nunca hicieron nada por ayudarte. ¿Eso pasa porque son malos? ¡Nooo! Entonces Ronny, ¿dime por qué? Aquí va la respuesta: Hay veces que Dios no permite que un «Siba» se acuerde de nosotros porque el mismo Dios es quien decide hacerlo.

Si hubiera sido por Siba, nadie lo hubiera ayudado. ¡Qué bueno que este tipo de cosas sucedan! Porque cuando Dios hace lo que quiere hacer, la gloria no es de los hombres, y todos tendrán que reconocer que fue Dios quien lo hizo. Estas cosas a veces pasan porque fue el mismo Rey el que dijo: «Manda a buscarlo y yo lo esperaré aquí, en la mesa».

Imagino que ese día Mefi-boset se habrá levantado triste, como la mayoría de las mañanas, mirando al suelo, observando sus pies y escuchando a los jovencitos jugar por las calles, corriendo, mientras él no podía caminar. De pronto comenzó a ver los mismos carros y caballos que solía ver en el palacio cuando era niño. Al mirar de lejos, algo le parecía familiar: «Reconozco esos carros. Reconozco esos ruidos. Reconozco esas vestimentas que están pasando. Algo muy malo está por suceder, habrá pensado.

SÍNDROME DEL IMPOSTOR

Amado lector, lee estas palabras atentamente porque son respuestas del mismo Dios para ti. Al comenzar a leer este libro muchos lo iniciaron como un cojo espiritual, como un lisiado ministerial, un discapacitado de quien todos se habían olvidado y que nada en su vida arrancaba ni funcionaba. Pero antes que termines de leerlo, volverás a ver lo que alguna vez has visto. Dios lo hará. Lo pondrá delante de tus ojos. ¡Volverás a hacer lo que antes hacías y aún lo harás mejor! Dios tiene grandes sorpresas preparadas para ti y las vas a vivir. «Porque Él no es hombre para que mienta, ni hijo de hombre para que se arrepienta».

Este es el momento cuando dices: «Eso le puede pasar a cualquiera, menos a mí. Dios bendice a medio mundo, menos a mí». Hay indicios en la vida de una persona que la ciencia lo denomina: El Síndrome del impostor. Es cuando no te sientes digno ni merecedor de nada. Estás sentado en una mesa y dices: «Yo no me merezco estar aquí». Es cuando esa persona recibe algo y dice: «No merezco recibir esto. Esto es para otra persona, menos para mí. Otro merecía estar aquí, no yo». Esto va para ti que siempre has pensado así y ni siquiera sabía por qué tu mente actuaba así. A ti te digo: «Hoy Dios quiere sanar tu corazón de esta manifestación impostora que no te permite vivir los planes y propósitos que Dios tiene para tu vida. ¡Él lo hará por ti!

"DIOS TIENE GRANDES SORPRESAS PREPARADAS PARA TI."

Cuando los enviados del rey llegaron delante de la casa de Maquir, y vieron al jovencito, le preguntaron: «¿Tú eres Mefi-boset? Porque el rey te está buscando. El rey te mandó llamar».

Mefi-boset subió al carro camino al palacio, y muchas dudas, temores y recuerdos habrán surgido en él. Revivir la película de su historia, su tragedia, su abuelo, su padre, el dolor de sus pies quebrados. Pero al llegar al palacio, cuando se presentó ante el rey, se inclinó, y David le dijo: «No tengas temor, porque yo a la verdad haré contigo misericordia por amor de Jonatán tu padre, y te devolveré todas las tierras de Saúl tu padre; y tú comerás siempre a mi mesa» (2 Samuel 9:7).

La respuesta de Mefi-Boset fue: «¿Quién soy yo? Un perro muerto para que el rey se acuerde de mí». El Síndrome del impostor había sido afirmado en la vida de este joven. Cuando llegó lo bueno, dijo: «No me lo merezco. Esto no es para mí. Será para otro, pero no para mí». Debes saber que lo que Dios hará contigo será bueno. Y a pesar de ti, Dios lo hará, aunque tú no quieras.

Es momento de recordar y creer que por sus llagas fuimos sanados y el castigo que fue sobre Él, nos trae paz. Es tiempo de quitar de nuestra vida esos pensamientos del impostor, porque cuando rechazas las bendiciones, invalidas todo lo que Cristo hizo en la cruz por ti. Él te dio el derecho y el acceso a sentarte nuevamente en la mesa real. Es verdad que no lo merecíamos. Pero por la sangre preciosa del Cordero de Dios, ahora tenemos libre acceso a la Presencia del Padre por medio de Jesucristo.

EL CIELO NO SE OLVIDÓ DE TI

Mefi-boset llegó a Lodebar en brazos de su nodriza, pero regresó al Palacio en un carro real. Dios te hará regresar con honra y honor al lugar al que perteneces. Del mismo sitio de donde saliste llorando con dolor y tristeza, regresarás con honra, sano y bendecido.

Cuando finalmente entró al Palacio, su antigua casa, recordó todo lo que había vivido, y esto le produjo temor e inseguridad, pero el rey David le pidió que no tuviera miedo, le aseguró que recuperaría todo lo que había pertenecido a su padre y que siempre tendría su lugar reservado en la mesa del rey. Cuando el joven estaba sentado, los hermosos manteles cubrían sus pies, y ya no había diferencia con los demás príncipes. Él era igual a cualquier otro que no había atravesado los mismos procesos, las culpas y dolores que él enfrentó. Dios te sentará en mesas que te devolverán la dignidad, y volverás a sentir alegría y gozo.

Hay una mesa servida en tu honor, y tu cabeza será ungida, porque así lo dice la Palabra: «Aderezas mesa delante de mí en presencia de mis angustiadores; Unges mi cabeza con aceite; mi copa está rebosando. Ciertamente el bien y la misericordia me seguirán todos los días de mi vida» (Salmo 23:5-6).

La historia comienza con un niño que creció en un palacio rodeado de privilegios. A mitad del relato, la vida de ese niño cambió de dirección, fue de arriba para abajo, del palacio a una casa sencilla y desconocida. Pero cuando Dios intervino, la historia que estaba abajo, volvió a subir.

Si continúas leyendo esta historia en la Biblia, sabrás que Mefi-boset nunca más regresó a Lodebar, nunca más volvió a bajar. Porque cuando Dios te enseña una lección y tú la aprendes, no tienes necesidad de repetir la historia. De lo contrario, es que todavía no la has aprendido.

El Rey te mandó llamar. Hay una mesa que te espera para que te sientes. Hay una familia real que te espera, porque el cielo no se olvidó de ti. La Biblia no dice que los pies de Mefi-boset fueron sanos, sin embargo, tenía el mismo privilegio que los hijos del rey David. Hay cicatrices que nunca van a desaparecer de tu vida, pero no te avergüences de ellas. **Cada cicatriz es la evidencia de que fuiste más fuerte que aquello que un día te quiso destruir.**

"EL REY TE MANDÓ LLAMAR. HAY UNA MESA QUE TE ESPERA."

Mefi-boset no nació para vivir en Lodebar, pero la vida lo tiró allí. Sin embargo, Dios se encargó de traerlo nuevamente a la mesa donde pertenecía. Si al igual que Mefi-boset te sentiste desplazado, abandonado, triste, inseguro. Ten la certeza, la seguridad, la fe, de que regresarás al Palacio otra vez. ¡Él lo hará! ¡Dios no va a permitir que tu historia termine en Lodebar!

Como cuento en mi primer libro «Lo que el cielo determina, la tierra no lo elimina», no me crié en una iglesia, aunque tengo algunos recuerdos de haber ir a la «Hora feliz», una especie de evento para niños, que la iglesia realizaba con la intención de evangelizar en mi barrio. Aunque yo no iba por la enseñanza, sino por la comida que darían al final.

Al haber crecido lejos de la iglesia, de la enseñanza bíblica y del contexto religioso, definitivamente pensaba que eso no era para mí. No me gustaba la idea de ser un creyente, evangélico, pastor, líder, etc. Veía todo como un sitio con muchas prohibiciones y límites. Hasta ese momento no había conocido lo que significaban los límites. Tanto fue así que muchos en mi barrio decían: «Ese joven no va a llegar muy lejos. Pobre muchacho, va a morir joven». Por cierto, muchos de mis amigos perdieron su vida literalmente; y todo indicaba que el próximo sería yo. Hasta que apareció un «Maquir» en mi camino. Su nombre era Santiago, y vivía cerca de mi casa. Un día me llevó a una campaña en la playa, donde me convertí al Señor.

Los primeros días de convertido se escuchaba decir entre los murmullos del barrio: «Pobre muchacho, no va a durar ni un mes en la iglesia. Será como la paja en el fuego, en cualquier momento se va a apagar y a alejar». Ellos creían que para siempre me verían lisiado, sin poder caminar. Pero cuando acepté la invitación del Rey de reyes y Señor de señores, vaya sorpresa se llevaron los que decían que no duraría ni un mes. Ya han pasado más de 20 años en el camino del Señor. Hoy, cuando regreso al barrio donde me crié, los mismos que me vieron lisiado, me dicen: «No eres el mismo que conocimos». Cuando Dios complete lo que comenzó a formar en tu vida, no te reconocerán.

Recuerdo a los cinco años el ruido de máquinas grandes y amarillas, y unos hombres de traje y corbata que parecían tener algo importante en un papel que llevaban en sus manos. Uno de ellos, con gesto adusto en su rostro y moviendo sus manos, pidió silencio a decenas de familias que murmuraban asustadas al ver todo ese movimiento alrededor de sus casas. Aquel hombre era un representante de la municipalidad, y el anuncio importante era que donde estaban construidas nuestras casas, era una zona impropia y había un proyecto que construiría una calle. En pocas palabras, lo que quiso avisarnos fue: «Tomen sus cosas porque serán desalojados y trasladados hacia otra localidad». Recuerdo ver a mi abuela llorar mientras arrancaban las tablas, y en cuestión de horas, lo que había sido mi casa, en pocos minutos era un montón de maderas arriba de un camión y nosotros quedamos sentados entre unos pocos muebles y algunas ropas.

Ese día llovía mucho y en mis manos tenía apretado uno de mis autitos favoritos mientras nos llevaban a un lugar desconocido. Cuando llegamos, los que vivían cerca se asustaron preguntándose quienes éramos y de dónde venía esa gente que estaba invadiendo el barrio, que ya no era tan lindo. Imagino que no tenían mucha idea de que el gobierno nos había llevado ahí.

Varios años después, cuando ya estaba casado y tenía hijos, y todo había cambiado para mí, en un día medio lluvioso llevé a mi madre a almorzar a un restaurante que siempre nos gustó. De pronto recordé que estábamos cerca de aquel lugar de donde nos habían sacado cuando tenía tan solo cinco años. Entonces le dije a mi madre que iríamos a ver en qué había quedado aquel barrio del que nos habían sacado. Ella aceptó mi desafío, y al llegar observamos que todo seguía igual, incluso la calle jamás fue construida, lo que sí había cambiado era mi vida y mi historia. Ya no tenía el autito entre mis manos, sino que venía manejándolo. Ya no era un niño asustado, mojándome encima de un camión, sino un hombre honrado, feliz y súper bendecido. Con lágrimas en los ojos y con mucha gratitud, agradecí a Dios por permitir que, así como Mefi-boset, pudiera regresar al mismo lugar de donde me habían echado, para contar que mi historia fue escrita por Dios, y no termina de cualquier manera.

PROFETIZO SOBRE TU VIDA

Dios honrará tu vida de tal manera que te volverás a encontrar con tu pasado, no para lamentarte, sino para recordar lo bueno que Dios ha sido contigo. Tú que has perdido y has creído que ya nada sería igual, profetizo que tus mejores días están por llegar. Ánimo, fe, fuerza, porque la gloria de la segunda casa será mayor que la primera. Hay sorpresas de Dios llegando a tu vida. Solo cree y recibe.

"TU PROPÓSITO ESTÁ EN CÓMO IMPACTAS A LOS DEMÁS; MULTIPLICA LO QUE DIOS HA PUESTO EN TUS MANOS."

CAPÍTULO 2

DESCUBRIENDO TU PROPÓSITO

Me asombra la cantidad de personas que se me acercan para preguntarme acerca del propósito, y me dicen: «Ronny, ¿cuál será el propósito que tiene Dios para mi vida?» Muchos hasta hoy, no saben cuál es su propósito en la vida. Durante años, tratan de saber cuál es su llamado, su ministerio, pero no logran descubrirlo.

Lo primero que debes entender es que tu propósito nunca tiene que ver solo contigo, ya que lo que Dios tiene contigo siempre estará relacionado con alguien más, para servir a los demás. Siempre estará conectado con el prójimo no centrado exclusivamente en ti. Algunos, sin embargo, todavía continúan mirándose a ellos mismos de una manera egoísta para alcanzar ese propósito. Por eso viven una vida frustrada y ausente de paz.

Antes de profundizar en el tema del propósito, permíteme ofrecerte algunos consejos de sabiduría para que puedas cumplir tu propósito en paz, vivir en paz, y estar en paz.

Partiendo del fundamento de que el principio de la sabiduría es el «temor de Dios». Aclaro que no me refiero a «tenerle miedo a Dios» sino a «tener miedo a estar lejos de Dios».

> **"TU PROPÓSITO NUNCA TIENE QUE VER SOLO CONTIGO, SIEMPRE ESTARÁ RELACIONADO CON ALGUIEN MÁS."**

La Palabra dice: «El principio de la sabiduría es el temor de Jehová, los insensatos desprecian la sabiduría y la enseñanza» (Proverbios 1:7). Practicar el temor de Dios es el principio de toda sabiduría. Quienes no temen al Señor, promueven la inseguridad en su vida, ya que viven con miedo de que algo malo le suceda. Pero quienes aman y temen al Señor, descansan tranquilos: «En paz me acostaré, y asimismo dormiré; Porque solo tú, Jehová, me haces vivir confiado» (Salmo 4:8).

Para aprender a estar en paz, estos son algunos de mis consejos:

1. *Proponte no ver ni escuchar lo malo.* Tampoco lo practiques. David dijo:
   «No pondré delante de mis ojos cosa injusta» (Salmo 101:3). No le contemos nuestros planes a personas que no quieren vernos en paz. Si hay algo que quiere robar o amenazar tu matrimonio o tu familia, aléjalo, córtalo, detenlo. Donde sea que te encuentres, ten temor de Dios, ya sea en el trabajo, en la casa o en el autobús.

2. *Nunca compartas tus sueños con alguien que quiere verlos destruidos.* No hables de tus proyectos con cualquiera, incluso con personas de tu misma familia. Hay hermanos de sangre que quieren que tus planes salgan mal. ¡Sé sabio! ¡Sé prudente! Mientras puedas mantener tus planes reservados, mejor. Aquí te comparto una palabra *rhema*: Faraón soñó. José soñó. El copero soñó. El panadero soñó. Los únicos que no soñaron fueron los hermanos de José. ¿Por qué? Porque el que vive para destruir tus sueños jamás tendrá tiempo de soñar los suyos. Cuando alguien vive para destruir el plan o el proyecto de los demás, no tendrá tiempo para vivir sus propios sueños.

3. *Tus enemigos no merecen tus respuestas.* No gastes tu tiempo con personas que no quieren verte bien. No desgastes tu energía con aquellos que desean tu mal. Hay quienes viven en función de los demás, y aún

sin conocerte te dicen: «Ese tiene cara de soberbio. Ese otro parece ser un falso profeta, un falso maestro. Ese no es de Dios». Ellos viven únicamente para demostrarle al otro que está equivocado. No malgastes tus fuerzas en intentar probarle al mundo que eres una buena persona. Eso cansa, agota. Hay personas que deberían vivir rodeadas de bendición, pero están atadas con cuerdas de envidia, inseguridad y falsa humildad. No podrás convencerlos con tus palabras, hazlo con tus acciones. Actúan como verdaderos faraones. Recuerda lo que hizo Moisés cuando estuvo delante de faraón, no le habló, ¡provocó milagros! A los faraones no los convences con palabras sino con milagros.

NUNCA LE AGRADARÁS A TODOS

En cierta ocasión, en la iglesia donde pastoreo, mientras estaba predicando, dije: «Todos aquellos que sientan que alguna vez los ofendí, pasen al frente, quiero mirarlos a los ojos y pedirles perdón». Para mi sorpresa se levantaron algunas personas. Confieso que creí que no se iba a levantar nadie. Cuando comenzaron a pasar, los miré y a varios de ellos nunca los había visto ni siquiera los había saludado. Entonces comencé a preguntarles:

—Perdón hermana, ¡yo no la conozco!
—Es verdad, usted no sabe quién soy, —dijo ella—. Nunca hemos hablado ni nos hemos saludado, pero al verlo a través de las redes sociales siempre pensé que usted es un soberbio.

—¿Y por eso usted está ofendida conmigo?
—Sí, por eso estoy ofendida.
¡Dios míoooo!

Ese día aprendí que a veces voy a ofender a personas que ni siquiera conozco. Aquel día entendí que hay cosas que no puedo controlar. Pero de algo estoy seguro, aquello que dependa de mí, lo que salga de mí, eso sí puedo controlarlo. Si quieres vivir en paz, debes entender y aceptar que eres dueño de tus acciones, no de las acciones de los demás. La mala actitud de la otra persona no depende de mí, por lo tanto, no puedo controlarlo, porque no me pertenece. Suelta a esa gente que te critica, que te ataca y te persigue. ¡Suéltala! Déjalas que se vayan. Puedes decirme: «Pastor, es que no las entiendo». Es cierto, no las vas a entender. Recuerda, ¡tú ya no caminas!

> ## "NUNCA COMPARTAS TUS SUEÑOS CON ALGUIEN QUE QUIERE VERLOS DESTRUIDOS."

Sin embargo, de aquello que a ti te compete, si es posible, como dice la Biblia, mantén la paz con todos. Puedo asegurarte que es imposible que le caigas bien a todo el mundo. Pero en cuanto se trata de mí, debo estar en paz. Hay situaciones, actitudes y acciones de las cuales me hago cargo, porque dependen de mí.

Por ejemplo, siempre debo saludar, recomiendo no ser falso ni hipócrita, y no guardar rencor, pero no ser tonto.

Si sabemos que la relación con esa persona es tóxica, que no quiere cambiar, y que siempre cree que tiene la razón, debemos alejarnos de ella y tomar distancia. Hay muchos casos que no son demonios (si así fuera, los echaríamos), son desviaciones de carácter, son personas con trastornos y en muchos casos, narcisistas y perversos. Y tantos más que te rodean solo con la intención de hacerte sentir mal y robarte la paz. Con aquellos que corresponde que estén cerca de ti, mantén la paz, pero si no la quieren, es hora de cerrar la puerta.

"TUS ENEMIGOS NO MERECEN TUS RESPUESTAS."

Pablo hizo eso con Marcos y con Bernabé. Cuando no estaban de acuerdo el uno con el otro, se alejaron por un tiempo. Después, Pablo dijo: «Toma a Marcos y tráele contigo, porque me es útil para el ministerio» (2 Timoteo 4:11). A veces es sabio tomarse un tiempo para restaurar el corazón, ser sano y luego volver a caminar juntos.

ALGUNOS NO SERÁN PARTE DE TU HISTORIA

Déjame hacerte libre de un pensamiento, de un sentir. La Biblia hace referencia a tres mujeres: Noemí, Rut y Orfa. Noemí era la suegra y las otras dos mujeres, las nueras. Cuando los hijos de Noemí murieron, sus nueras quedaron libres para continuar con sus vidas. Entonces Noemí, la suegra, les dijo: «Mis hijos murieron. Ustedes tienen la libertad de irse y rehacer su vida». Una de ellas, Rut, dijo: «Dondequiera que tú fueres, iré yo, y dondequiera que vivieres, viviré. Tu pueblo será mi pueblo, y tu Dios mi Dios». Sin embargo, la otra nuera, Orfa, dijo: «Hasta aquí llegamos. Me regresaré con los míos», y continuó su camino. Aunque Orfa se fue, Noemí y Rut siguieron juntas.

A través de esta historia entendí que hay personas que estarán contigo toda la vida, y otras, solo una parte de ella. Esto significa que no todos los que comenzaron contigo, terminarán contigo. Es por ello que debes aprender a soltar.

Por lo tanto, te daré otra palabra *rhema*: **No compartas tu futuro con aquellos que no estarán allí.** Nunca reveles tus planes para el futuro con las personas que no serán parte de ese tiempo. Entiende que hay gente que será transitoria en tu vida, y otra que será permanente. Tampoco hables con cualquiera acerca de tus finanzas, de la intimidad de tu matrimonio ni de tu relación familiar. Si ellos no serán parte de tu futuro, entonces no les des el mapa de ruta. ¡Sorpréndelos!

No eres un noticiero para contar todo lo que te sucede. Tampoco eres la noticia. No entiendo cómo hay personas que suben a un autobús y le cuentan su vida, incluso cosas muy íntimas, a la persona con la que comparten el asiento, que probablemente no volverán a verla más. Es importante ser prudente y sabio. Eso te ayudará a vivir en paz.

Había una mujer muy sabia, que siempre recibía al profeta de Dios en su casa. Le preparaba una habitación y lo atendía con mucha cortesía y amabilidad, y Dios le concedió un hijo. Cuando este creció, una noche comenzó a sentirse mal y murió en brazos de su madre, la mujer sunamita. Entiende que el enemigo siempre atacará lo que crezca en tus manos.

"HAY PERSONAS QUE ESTARÁN CONTIGO TODA LA VIDA, Y OTRAS, SOLO UNA PARTE DE ELLA."

«Entonces ella subió, lo puso en la cama del hombre de Dios y, cerrando la puerta, salió. Después llamó a su esposo y dijo:

—Préstame un criado y una burra; enseguida vuelvo. Voy de prisa a ver al hombre de Dios.
—¿Para qué vas a verlo hoy? —preguntó su esposo—. No es día de luna nueva ni sábado.
—No importa —respondió ella.

Entonces ensilló la burra y ordenó al criado:

—¡Anda, vamos! No te detengas hasta que te lo diga.

La mujer se puso en marcha y llegó al monte Carmelo, donde estaba Eliseo, el hombre de Dios. Este la vio a lo lejos y dijo a su criado Guiezi:

—¡Mira! Ahí viene la sunamita. Corre a recibirla y pregúntale cómo está ella, y cómo están su esposo y el niño.

El criado fue y ella respondió que todos estaban bien. Pero luego fue a la montaña y se abrazó a los pies del hombre de Dios. Guiezi se acercó con el propósito de apartarla, pero el hombre de Dios intervino:

—¡Déjala! Está muy angustiada. El Señor me ha ocultado lo que pasa; no me ha dicho nada.
—Señor mío —reclamó la mujer—, ¿acaso yo le pedí a usted un hijo? ¿No le rogué que no me diera falsas esperanzas?

Eliseo ordenó a Guiezi:

—Arréglate la ropa, toma mi bastón y ponte en camino. Si te encuentras con alguien, no lo saludes; si alguien te saluda, no le respondas. Y cuando llegues, coloca el bastón sobre la cara del niño.

Pero la madre del niño exclamó:

—¡Tan cierto como el Señor y usted viven, le aseguro a usted que no lo dejaré solo!

Así que Eliseo se levantó y fue con ella» (2 Reyes 4:20-30 NVI).

El hijo de la sunamita estaba muerto, realmente tenía un enorme problema. Pero no se lo dijo a Guiezi, el siervo de Eliseo, ya que ella sabía que él no podría solucionar nada. No puedes comentar tus situaciones difíciles con alguien que no va a poder darte ninguna solución. No abras tu boca para hablar con aquellos que no pueden darte una respuesta. De hecho, hay personas que, cuando le contamos acerca de nuestras dificultades, lo que hacen es crear más problemas. El único que tiene la respuesta es Dios. No se lo cuentes a todo el mundo, ¡ve a la Presencia de Dios!

La Biblia dice: «Por nada estéis afanosos, sino sean conocidas vuestras peticiones delante de Dios en toda oración y ruego, con acción de gracias» (Filipenses 4:6). «Echando toda vuestra ansiedad sobre él, porque él tiene cuidado de vosotros» (1 Pedro 5:7). Dios te dará sabiduría para abrir y cerrar tu boca en el momento correcto. Hay situaciones donde la mejor respuesta es el silencio.

Te comparto esta nueva palabra *rhema*: En la historia de Lázaro, el amigo de Jesús, todos hablaron. María habló. Marta habló. Jesús habló. Los discípulos hablaron, hasta los fariseos hablaron. Todos en esta historia hablaron, pero ¿sabes quién nunca dijo ni una sola palabra? ¡Lázaro!

En la Biblia no hay registro de que Lázaro haya hablado ni una sola palabra. No encontré un texto en que Lázaro haya dicho algo. Cuando entendí eso, percibí algo: Lázaro no dijo nada porque el milagro que Dios hizo con él, habló más fuerte que su mejor palabra. ¡Permite que tu milagro hable por ti!

Cuando Dios no pone un mensaje en tu boca es porque te quiere convertir en el mensaje. Permite que tu milagro hable por ti. Permite que lo que Dios hará en tu vida, hable por ti. Y mientras eso no pase, mantente en silencio.

TU SIEMBRA DARÁ TU COSECHA

En muchas oportunidades se me acercan personas preguntándome sobre lo que Dios me dijo acerca de lo que sucederá el próximo año o cómo será el futuro. Y la verdad es que no se necesita ser profeta para saber eso. Simplemente, debes mirar qué fue lo que sembraste en tus últimos años, y sabrás qué cosecharás en los venideros.

No me refiero solamente a la semilla sino también a tus actitudes, a tus acciones. ¿Qué has plantado hasta aquí? Porque la siembra es opcional, pero la cosecha es obligatoria. Yo puedo elegir qué quiero plantar, pero no puedo elegir lo que voy a cosechar. Una vez que planté, eso mismo cosecharé. No esperes que tus próximos años sean una bendición si no has sembrado una vida de bendición.

Si plantaste inmoralidad, eso cosecharás. Si plantaste engaño, soberbia, orgullo y vanidad, entonces la cosecha representará lo que has sembrado.

¿Qué tengo que hacer si lo que sembré en mi pasado fue malo?

- Primero, arrepentirte. El arrepentimiento cambia el rumbo, el camino, el destino.
- Segundo, clama a Dios por misericordia. Nuevas son Sus misericordias cada mañana.
- Tercero, si lo que has hecho dañó a alguien, arrepiéntete, acércate y pide perdón.

Te daré un ejemplo contundente. Si el año pasado compraste un electrodoméstico, decidiste pagarlo en cuotas, aunque ya el producto lo tienes en tu casa, deberás continuar pagándolo. Hay personas que, aunque se hayan arrepentido, tendrán que seguir pagando las cuotas correspondientes.

Algunos otros ejemplos son: Si una persona fue infiel, se arrepintió y Dios lo perdonó, pero como consecuencia de ese engaño contrajo HIV o SIDA, debió ser tratado de esa enfermedad el resto de su vida. O alguien que robó, la policía inició una investigación y lo hallaron culpable. Aunque la persona se arrepintió, tuvo que ir a la cárcel y cumplir su condena procesal.

Por eso, mi consejo es que clames por la misericordia de Dios sobre tu vida, pero también debes estar advertido de que cada acción tiene una consecuencia.

A ESO LO LLAMO LA ESCALERA DEL ÉXITO

PASOS PARA DESCUBRIR TU PROPÓSITO

Luego de compartirte esos consejos para que puedas vivir y cumplir tu propósito en paz, te presentaré algunas herramientas que te ayudarán a descubrir tu llamado, tu ministerio, tus talentos y tus dones.

«Hijo mío, si recibieres mis palabras, y mis mandamientos guardares dentro de ti, haciendo estar atento tu oído a la *sabiduría*; si inclinares tu corazón a la *prudencia*. Si clamares a la *inteligencia*, y a la prudencia dieres tu voz; si como a la plata la buscares, y la escudriñares como a tesoros, entonces entenderás el *temor de Jehová*, y hallarás el conocimiento de Dios» (Proverbios 2:1-5).

El sabio camina de forma prudente. Y la prudencia te convierte en una persona inteligente que será reconocida por su forma de hablar. Cuando perciben sus enseñanzas, empiezan a buscarla y seguirla. Las personas que son reconocidas por su conocimiento, inteligencia, prudencia y sabiduría suelen prosperar y obtener tesoros. El temor de Jehová sostendrá todo, para que nada se desplome.

Puedes ser sabio, prudente e inteligente, pero si no tienes temor del Señor, no permanecerás.

Hay gente con don de profecía, pero con falta de temor y de prudencia. Todo lo que tiene, con el tiempo se desvanecerá, por la falta de temor a Dios. Pero si eres una persona temerosa a Dios y quieres conocer los pasos que debes seguir para alcanzar tu propósito y tu destino, debes descubrir lo siguiente:

    1. Vocación: Todos nacemos con una *vocación*. Este término describe la inclinación que una persona tiene hacia una profesión o una carrera. Cuando le preguntas a algunos niños qué quisieran ser cuando sean grandes. Algunos responderán: «Seré médico».

Otro dirá: «Astronauta». Algunos nacen con vocación para el arte o la pintura. Yo nací con vocación para la oratoria. Me gusta conversar con la gente porque me apasiona la comunicación. Cuando estoy en medio del pueblo de Dios y puedo hablar con ellos, me siento bendecido, en mi mundo. Y aunque me gusta hablar, no comparto con todos acerca de mi vida personal. Nuestras conversaciones giran en torno a Dios y a Su Palabra. Otros tienen vocaciones diferentes, quizás no les gusta estar rodeado de mucha gente, y eligen ser agricultores y cultivar sus plantas o criar sus animales en la soledad del campo, y son felices.

2. Habilidades: Luego, además de la vocación, las personas tienen *habilidades*. Estas son capacidades y destrezas para ejecutar o desarrollar algo. A diferencia de la vocación, que uno nace con ella. Las habilidades se aprenden y se perfeccionan.

En mi caso tengo varias habilidades, una de ellas es hablar español, aunque mi idioma natal es el portugués. También hablo otros idiomas.

Pero, debes saber distinguir la diferencia. Aunque naciste con una vocación, la habilidad es algo que puedes aprender y perfeccionar con la práctica. Personalmente no tengo la habilidad para jugar básquetbol, porque no tengo estabilidad. Pero si tengo en mis manos una pelota de voleibol, todo cambia.

No soy habilidoso con la mecánica de vehículos; no sé reparar un automóvil. Sin embargo, me defiendo bastante bien en la cocina. Preparo deliciosos platos.

Esa es una habilidad que poco a poco, cuando estoy en casa, voy perfeccionando. Estoy seguro de que, si selecciono alguna de mis habilidades, me enfoco específicamente en ella, tomo clases y me perfecciono intencionalmente, podría ser excelente en eso.

3. Don: Cuando conoces tu vocación y tu habilidad, entonces estás preparado para descubrir cuál es tu *don*.
Un don es una gracia especial dada por Dios para realizar una tarea. En mi caso puedo afirmar que Dios me prestó un don, el del conocimiento, el de la palabra y el de la profecía. Él me ha dado el don de poder hablar por Él a través de Su nombre y tener el discernimiento de explicar las Sagradas Escrituras. La persona que posee un *don* debe saber que es un préstamo que Dios nos da. Es un regalo que nos entrega para cumplir con el llamado para el cual nos ha destinado. Esto no siempre tiene que estar relacionado con lo espiritual.

4. Llamado: Después de tener en claro estas áreas, viene el *llamado*.
Un día Dios me dijo: «Ronnie, ve a pastorear a las naciones». El llamado vino en base a mi vocación, a mis habilidades y al don que Él me había dado.
Mucha gente no avanza en la vida porque no conoce estas características que son parte de su vida y su persona, y por esa razón, tampoco conoce cuál es su don, y todo eso causa que su llamado se detenga.

5. Ministerio: Luego de recibir el llamado, Dios te revela el ministerio que debes cumplir. Si todavía no sabes cuál es tu vocación, tus habilidades, discernir tus dones ni tu llamado, el ministerio que Dios quiere darte, nunca llegará. Porque cuando cumples con tu llamado, estarás ejerciendo tu ministerio, tu desarrollo y tu liderazgo y por ende estarás cumplido tu propósito.

Si te encuentras perdido en medio de esta búsqueda tan importante, Dios siempre pondrá personas en tu camino que te ayudarán a descubrirla. Por lo general será un Pastor, un líder, un amigo cercano o un familiar. Ellos te dirán cosas como: «¡Qué talentoso eres en esto! Evidentemente naciste para hacer aquello. ¡Qué bien que lo haces! Este es tu don».

Amado lector, debes saber que nadie nace sabiendo, entonces no puedes poner excusas. Descubre cuál es tu vocación. Perfecciona tus habilidades. Dios te demostrará el don que tienes. Luego te llamará y cuando esto suceda, ponlo por obra y verás cómo tu vida cambiará. Naciste con un propósito y declaro que lo cumplirás y vivirás todo lo que Dios planificó y proyectó para ti.

JAMÁS PONGAS BAJO TUS PIES LO QUE DIOS TE PUSO EN LAS MANOS

Como siempre el Señor me habla a través de la Palabra. En este caso lo hizo mediante la Parábola de los talentos, que me ayudó a comprender claramente este tema.

El Señor explicó que el Reino de los cielos es como un hombre rico que debía viajar y dejó sus bienes a cargo de sus siervos. Primero observó la capacidad de cada uno y diferenció a uno del otro de acuerdo con lo que habían demostrado hasta ese momento. A uno le dio cinco monedas llamadas «talentos», a otro dos y a otro una. Y después se fue.

Cada uno de los siervos, de acuerdo con su destreza, habrá analizado cuáles serían las mejores opciones de inversión para no perder los talentos que habían recibido, y pensar qué inversión sería mejor hacer con lo que su señor les había confiado. De esa forma, cuando regresara, pudieran entregarle los talentos multiplicados. Seguramente todos se habrán sentido inseguros, habrán corrido riesgos, pero igualmente, el primer siervo tomó los cinco talentos recibidos, los negoció y ganó otros cinco más.

Lo mismo habrá ocurrido con el que recibió dos talentos. Habrá buscado consejo, investigado cuáles eran las mejores oportunidades para invertir y sacar un buen rédito. Todo demandaba esfuerzo, investigación, riesgo, pero este siervo logró duplicar los dos talentos que había recibido.

Sin embargo, el que había recibido un solo talento, decidió no correr riesgos. Él sabía que su señor era duro y que cosechaba donde no había sembrado, y por temor e inseguridad, prefirió enterrarlo. En aquella época no había muchas formas de guardar el dinero para tenerlo al resguardo. Por lo tanto, el siervo temeroso abrió un hoyo en la tierra, lo cubrió y lo pisó con el pie para asegurarse de que estuviera bien escondido.

Por supuesto, este último no comprendió lo que en verdad estaba haciendo. Él puso bajo sus pies lo que su señor había puesto en sus manos. ¡Cuántas personas a las que Dios les entrega un talento en las manos lo ponen bajo sus pies y lo pisan por temor, inseguridad o falta de compromiso!

Después de un tiempo, el señor regresó a su tierra y se puso a cuentas con sus siervos. El que había recibido cinco talentos, le dijo: «Señor, cinco talentos me entregaste; aquí tienes, he ganado otros cinco talentos sobre ellos. Y su señor le dijo: Bien, buen siervo y fiel; sobre poco has sido fiel, sobre mucho te pondré; entra en el gozo de tu señor» (Mateo 25:14:20-21).

Luego se acercó el siervo que había recibido dos talentos y dijo: «Señor, dos talentos me entregaste; aquí tienes, he ganado otros dos talentos sobre ellos. Su señor le dijo: Bien, buen siervo y fiel; sobre poco has sido fiel, sobre mucho te pondré; entra en el gozo de tu señor» (vv.22-23).

Ahora le tocaba el turno al que había recibido un talento solo, y le dijo: «Señor, te conocía que eres hombre duro, que siegas donde no sembraste y recoges donde no esparciste; por lo cual tuve miedo, y fui y escondí tu talento en la tierra; aquí tienes lo que es tuyo» (vv.24-25). No solo no hizo nada con lo que recibió, sino que, al enterrarlo, lo devolvió sucio. ¡Cuánta gente ha ensuciado su talento…!

Al escuchar estas palabras podemos imaginar la desilusión del señor, ya que le había dado la oportunidad de crecer, de ser confiable, de prepararse para cosas mayores. El señor le reclamó al siervo por no haberse preocupado y ocupado por lo que le había dado a cargo, y le dijo: «Siervo malo y negligente, sabías que siego donde no sembré, y que recojo donde no esparcí. Por tanto, debías haber dado mi dinero a los banqueros, y al venir yo, hubiera recibido lo que es mío con los intereses. Quitadle, pues, el talento, y dadlo al que tiene diez talentos. Porque al que tiene, le será dado, y tendrá más; y al que no tiene, aun lo que tiene le será quitado» (vv.26-29).

El señor confiaba en que todos sus siervos eran buenas personas. No dudaba de ellos, pero quiso probar su compromiso, su interés y su deseo de crecer. Es curioso observar que tiempo después, cuando el señor regresó y se reunió con el siervo que no hizo nada con su talento, le dijo: «Debías haber dado mi dinero a los banqueros, y al venir yo, hubiera recibido lo que es mío con los intereses». Nunca dijo: «Hubieras dado el talento a los banqueros, sino "mi dinero"». Entonces comprendí que todo talento bien usado se transforma en dinero, porque Dios hará que se multiplique.

Entonces es lógico preguntarse: ¿Por qué el reconocido jugador de fútbol, Leonel Messi, gana tanto dinero? Porque transformó su talento en dinero. ¿Por qué los cantantes y músicos internacionales ganan tanto dinero? Porque convirtieron su talento en dinero. Por lo tanto, la pregunta es: ¿Dónde está tu talento?

LOS TALENTOS DE TUS HIJOS

Antes de finalizar este capítulo, quiero hacer un llamado de atención a los padres de familia para que filtren lo que sus hijos están viendo. Mientras vivan bajo tu techo, debes cuidarlos. Porque el diablo patea la puerta de tu casa sin pedir permiso. Toma a tu hijo por sorpresa y pídele el teléfono para saber qué está escribiendo y a qué páginas web está ingresando. Ellos deben entender que, en tu casa, tú eres la autoridad, y que deben respetarla. No permitas que el enemigo los distraiga ni los desenfoque de los planes que Dios tiene para sus vidas.

Ayúdalos desde pequeños a descubrir sus dones, sus habilidades, sus talentos y todo será mucho más sencillo cuando tengan que recibir el llamado de Dios para servirlo o para dirigir sus vidas hacia el lugar o destino que ha determinado para ellos. Porque no siempre el ministerio está solo dentro de la iglesia o en las misiones. Es posible ejercer un ministerio en las distintas esferas laborales de la sociedad, sin importar el lugar donde Dios decida establecerlos.

PROFETIZO SOBRE TU VIDA

Declaro que descubrirás tu propósito. Profetizo que no te irás de esta vida sin haber cumplido tu misión y tu propósito. Profetizo que, en los próximos días, todos los talentos y dones que enterraste por miedo o inseguridad, los desenterrarás. Declaro que lo que tienes que hacer, lo harás bien y recuperarás el tiempo perdido.

¡Créelo! Si Él te entregó un talento es porque confía en que puedes multiplicarlo, ¡y lo harás! Levántate y ponte a trabajar en eso. Es hora de multiplicar lo que Dios puso en tus manos.

> **"SI ÉL TE ENTREGÓ UN TALENTO ES PORQUE CONFÍA EN QUE PUEDES MULTIPLICARLO, ¡Y LO HARÁS!"**

CAPÍTULO 3

GENERACIÓN BENDECIDA

Eres de los que bendicen, no de los que maldicen.

Eres de los que edifican, no de los que destruyen.

Hace muchos años, cuando estaba de novio con Glaucia, fui a una iglesia, de pronto se me acercó una hermana de la congregación y me dijo: «Así te dice el Señor: "No tienes que casarte con esta joven. No es ella la mujer con la que te tienes que casar; no es esta la mujer que Dios tiene para su vida"». Luego de esa palabra, cuando ella se estaba yendo, se acercó otra mujer que me dijo: «Ronny, así te dice el Señor: "Ella es la mujer con la que te tienes que casar"».

¡Imagina mi desconcierto! Sin embargo, de alguna forma tenía que resolver esa situación que me trajo duda y confusión.

Y sabemos que nuestro Señor, no es Dios de confusión. Entonces, busqué a estas dos mujeres y las llamé para reunirnos y preguntarles: «¿A cuál de las dos debía hacerle caso? Usted me profetizó que no me casara, que no era ella la persona para mí. Y usted me dijo que me casara, que ella era la mujer que Dios quería para mí. Al final, ¿cuál de las dos realmente habló de parte de Dios?». Porque supuestamente las dos habían profetizado de parte del Señor. Entonces, la mujer que profetizó que no debía casarme dijo: «Bueno, lo que sucede es que eres muy joven todavía para casarte. Así que sentí que debía aconsejarte eso». Por supuesto, rápidamente podrás descubrir cuál de las dos realmente estaba dándome una palabra de parte de Dios. Una quería aconsejarme, pero para que su palabra tuviera peso, dijo: «Así dice el Señor». Es una lástima que este tipo de cosas continúen pasando hasta hoy en día. Personalmente, no creo que exista una profecía a través de la cual Dios te obligue a casarte con una persona. De lo contrario, ¿para qué serviría el libre albedrío que Dios nos entregó? Tú eres el dueño de tus decisiones. Por lo tanto, si estás casado, disfruta la mujer que Dios te dio. Pero si fuiste tú quien la eligió, ¡acéptala tal como es!

"ERES DE LOS QUE BENDICEN, NO DE LOS QUE MALDICEN."

Abraham fue un hombre de fe que supo escuchar a Dios, y las palabras que escuchó abrieron las puertas a una nueva generación: una generación bendecida.

«Pero Jehová había dicho a Abram: Vete de tu tierra y de tu parentela, y de la casa de tu padre, a la tierra que te mostraré. Y haré de ti una nación grande, y te bendeciré, y engrandeceré tu nombre, y serás bendición. Bendeciré a los que te bendijeren, y a los que te maldijeren maldeciré; y serán benditas en ti todas las familias de la tierra» (Génesis 12:1-3).

Dios le habló a Abraham siempre mirando hacia el futuro: «Te bendeciré y te engrandeceré». Dios no le habló del pasado ni del presente. La obediencia de Abraham acarrearía bendición a millones de personas que vendrían después de Él, tantas como estrellas hay en el universo.

A lo largo de distintas épocas encontramos en la Biblia diferentes personas que mencionan a Abraham orgullosas de haber formado parte de su descendencia. Los judíos se jactaban al decir: «Somos hijos de Abraham». Pero Jesús les dijo: «y no penséis decir dentro de vosotros mismos: A Abraham tenemos por padre; porque yo os digo que Dios puede levantar hijos a Abraham aun de estas piedras» (Mateo 3:9).

Cuando Dios hizo una promesa y dijo: «y serán benditas en ti todas las familias de la tierra», estaba diciendo que «a través de Abraham nació una generación de gente bendecida». Tanto tú como yo, somos hijos de Abraham. Es decir, somos parte de la descendencia de un hombre de fe. Quizás eres hijo de Marta y

Juan, pero cuando ingresaste a la fe, te transformaste en un hijo de Abraham, lleno de esa misma fe. Ya no vives bajo maldición, ahora eres un hijo bendecido.

Pero Dios le dio instrucciones a Abraham: «Sal de tu tierra y de tu parentela». En este tiempo está de moda decir: «Dios me dijo. Dios me habló». Cuando, en verdad, Dios no dijo nada, pero creen que es suficiente como para avalar sus decisiones. Curiosamente, Dios nunca les dice: «Humíllate más. Ora más. Arrepiéntete más». Dios solo habla a la conveniencia de ellos.

Pero ha llegado el tiempo de ver a una generación que Dios ha levantado, y dirá:

—Dios me habló.

—¿Y qué te dijo?

—Que te pida perdón porque fui soberbio al responderte. Que arregle cuentas contigo porque actué mal. Dios me habló y me dijo que te pague lo que te estoy debiendo.

"ERES DE LOS QUE EDIFICAN, NO DE LOS QUE DESTRUYEN."

Dios también hablará no solo de las cosas buenas que van a suceder. También te exhortará para que te pongas a cuentas con

Él y con aquellos que te rodean. Para ello es necesario aprender a discernir Su voz.

ESCUCHAR LA VOZ DE DIOS

Ronny, ¿cómo sé cuándo Dios me está hablando?

1. Dios nunca te hablará para decir algo que contradiga Su Palabra.
   Dios nunca hablará nada que vaya en contra de lo que ya dijo. Por ejemplo, la Biblia dice que hay que congregarse, pero un día Dios te habló y te dijo que ya no era necesario, que puedes adorar solo en tu casa. O, la iglesia te enseñó que la Biblia dice que hay que diezmar, pero Dios te habló y te dijo que ya no debías diezmar más. Esto no es posible. Él nunca va a contradecir Su Palabra, porque no es hombre para que mienta ni se arrepienta.
   Debes tener mucho cuidado cuando dices que Dios te habló y, en verdad, no te dijo nada. Aunque suena bonito decirlo, cuando Dios en verdad te habla, muy pocas veces provoca sonrisas, más bien lágrimas. No siempre produce un cosquilleo suave en el estómago, sino temblor en las piernas por la responsabilidad y el peso de lo que dijo.

2. Aprende a discernir la voz de Dios y ella te llevará a tomar buenas decisiones.

La voz de Dios te llevará a ser exitoso en todo lo que emprendas. No significa que serás exitoso todo el tiempo, sino en todo lo que hagas. Porque la gente exitosa tiene sus momentos de lucha, de prueba, de silencio, donde nadie los ve.

Cada persona bendecida por Dios pasó por un desierto. No estamos todo el tiempo en victoria. Hay momentos en que estamos angustiados, en aprietos, pero ese es el camino del vencedor. Antes de que Dios suelte algo sobre tu vida, fortalecerá tus bases. ¿Quién construiría un edificio sobre una sola columna? Primero Dios fortalecerá tu base para luego derramar sobre ti lo que sea necesario. Si quieres entrar en la transacción de un nuevo tiempo, deja de caminar para comenzar a volar. Es fundamental aprender a discernir la voz de Dios. Recuerda que quien camina escucha al hombre; pero el que vuela, oye a Dios.

3. Aprende a escuchar la voz de Dios a través de Su Palabra, de los sueños o de una persona.

Si tienes la seguridad de que Dios te ha dado una palabra para alguien, acércate y díselo. Pero si tan solo quieres darle un consejo, dile: «Mira, me gustaría darte mi opinión sobre tu situación». Por favor, aclara que es tu consejo y no es una revelación de Dios. Con la experiencia vivida con esa «profeta» consejera descubrí muy temprano que hay cristianos que no tienen autoridad en lo que hablan, porque sus palabras no tienen peso, entonces recurren a decir que es una «palabra profética». Aún yo, como profeta, podría usarla como quisiera, pero el temor a Dios me impide utilizar la frase: «Dios me dijo», si no ha sido así.

¿Sabes algo? A veces no pienso igual que mi esposa, hay momentos en que tenemos diferentes opiniones. Por ejemplo: Ella piensa que algo es de color blanco, y yo, que es de color negro. Si quisiera ganarle, podría decir: «Glaucia, Dios me dijo…». Sé que cuando diga esa frase, ella no pondría ninguna objeción al respecto. Pero ni en broma diría algo que realmente no viene de parte de Dios. Porque a lo largo de estos años, ella ha sido testigo de que, cada vez que dije: «Dios me habló», fue verdadero, y Él cumplió Su palabra.

Si perdiste la autoridad, no digas: «Dios me dijo», cuando no te ha dicho nada. Es mejor decir: «Sentí decirte esto…», «Me parece aquello…», «Tuve esta percepción…», que utilizar el nombre de Dios en vano.

UNA PROMESA EN CONSTANTE CUMPLIMIENTO

Dios le dijo a Abraham que se fuera de su tierra y dejara la casa de su padre para ir a una tierra que Él le mostraría. Dios quería hacer algo grande con Abraham, y por eso le dijo: «Quiero bendecirte, engrandecer tu nombre y que seas de bendición para muchos. Pero hay gente en tu casa, en medio de tus parientes, que no te permite ser bendecido, porque no están listos para ver tu bendición. Por lo tanto, Abraham, si quieres verlo. Abandona todo y ven conmigo».

Había gente en su propia casa que impedía que la bendición llegara sobre Abraham. No me refiero solamente a los celos o a la envidia, sino también a un entorno de incredulidad. Si realmente quieres aprender a volar y a cumplir tu propósito y tener éxito en tu vida, debes huir de la gente que no se alegra cuando Dios cumple lo que te habló. No todos son tus amigos ni todos tus familiares te quieren bien. No pretendo levantar contienda, solo estoy confirmando algo de lo que ya hablé en un capítulo anterior. Sé prudente y recuerda que: No todo el que se ríe por fuera, se ríe por dentro. No siempre el que te aplaude está diciendo: «¡Qué bien! ¡Te felicito!».

EL QUE VUELA, OYE A DIOS."

Cuando Abraham escuchó a Dios, tomó una decisión de fe, y obedeció. Porque todo lo que Dios habla tiene que ver con la fe. Tienes que creer y tener fe en que lo que Dios te dijo ocurrirá.

El día que Dios nos habló diciendo que dejáramos Brasil y viajáramos a Argentina. No teníamos ni siquiera un pasaje de avión. Desde la ciudad de Río de Janeiro subimos a un autobús llamado *Crucero del Norte* y viajamos durante cinco días hasta llegar a Santiago del Estero, Argentina. Esa fue la única vez en mi vida en que estuve cinco días sin bañarme, por razones obvias.

Lo único que teníamos era una promesa, fe y algunas maletas que incluían unas cuantas ollas y algunos electrodomésticos portátiles, porque decían que en Argentina eran muy caros.

Hasta que nos dimos cuenta de que la potencia eléctrica era diferente, y nada de eso nos funcionó.

Recuerdo que, en cada ciudad o pueblo que debíamos cambiar de autobús durante esos largos cinco días, a cada maletero que nos ayudaba a cargar las valijas, tenía que darle una muy buena propina, así me habían instruido. Luego, alguien me dijo:

—¡Usted tiene mucho dinero!

—¿Por qué me decía eso?, —le pregunté—. Es que en cada parada les entrega una gran cantidad de propina a los maleteros.

—Así me enseñó el primer maletero —le dije— y que debía darle una buena propina a cada uno que me ayudara, y que no debía ser menos de determinado valor.

—En realidad, me dijo la persona que conversaba conmigo, la propina siempre se da a voluntad.

—¡Qué bien! No sabía que era así —le respondí.

Recién me enteré de esto cuando ya había entregado casi todos mis ahorros a lo largo del viaje, pero aprendí la lección, y aún faltaba la última parada.

Cuando finalmente llegamos a Santiago del Estero, se acercaron unos niños para agarrar las maletas. Dentro de mí pensé: «Ahora ya aprendí». Rápidamente les dije en un fuerte tono de voz: «¡Déjenlas! ¡No las agarren! ¡Suéltenlas! No tengo ninguna obligación de darles nada». Minutos después se acercó el Pastor que nos recibiría en su casa y me dijo: «¡Bienvenidos Misioneros! Estos niños son mis hijos».

De esta manera… fue nuestra llegada a Argentina, causándoles una buena primera impresión. Por supuesto, me disculpé con ellos y luego de explicarles todo lo sucedido, creo que ya me perdonaron.

UN LLAMADO DE FE

El presbítero Puentedura, responsable del área donde estaba la iglesia con la que colaborábamos en Argentina, me prestó una bicicleta viejita. Cada día pedaleaba hasta recorrer los parajes de alrededor de la iglesia para predicar. Nunca había estado tan delgado como resultado de tanto ejercicio pedaleando para predicar la Palabra. Mi costumbre era salir a evangelizar a la tardecita, en el horario de descanso, de la siesta, pero regresaba frustrado, preguntándome: «¿Qué ocurre? El enemigo saca a la gente de las calles y los encierra en sus casas, los esconde. Nunca hay nadie caminando».

Hasta ese momento aún no había entendido que «la siesta» era parte de la cultura del lugar, a causa del calor de hasta 50 grados Fahrenheit, siempre, después del mediodía, todos se quedaban en sus casas y descansaban porque la calle era un horno debido a las altas temperaturas. Entonces, aprendí que debía salir un poquito más tarde.

Solo tenía 19 años y mucha fe. Esa misma fe que me acompañó hasta aquí. Pero lo que ha cambiado es que, ya no voy a las casas de la gente, ahora ellos salen de sus casas para llegar a las iglesias o auditorios, a escuchar la Palabra de Dios.

Han pasado los años y, desde que llegamos a Argentina junto a mi esposa, hemos predicado el Evangelio en más de 60 países y abrimos más de 30 iglesias llamadas «Nueva Alianza». ¿Por qué te estoy contando esto? Porque cuando Dios te habla, lo único que necesitas es tener fe.

No soy un pastor que tiene mucho de nada, pero lo que seguro tengo, es mucha fe. Tengo tanta fe que creo que tu familia será restaurada. Tengo tanta fe que creo que tu matrimonio será restaurado. Tengo tanta fe que creo que tus hijos serán restaurados. Las únicas cosas que un hombre de Dios necesita son fe y una palabra de parte de Dios. Porque, cuando tienes eso, lo tienes todo.

Cuando Dios le dijo a Abraham: «Vete de tu tierra y de tu parentela, y de la casa de tu padre, a la tierra que te mostraré. Y haré de ti una nación grande». Primero habló de fe, para luego decirle que le daría una nación grande. Porque los que tienen fe siempre vivirán cosas grandes. La gente de fe no vive de migajas. El tamaño de tu fe determinará el tamaño del milagro que vivirás.

Hubo ciudades en las que Jesús no pudo hacer milagros porque no encontraba fe allí. Jesús tenía poder, pero la gente no tenía fe. Jesús podía hacer milagros, pero la gente no creía en los milagros. Es decir, donde no hay demanda, no hay señales. Donde no hay fe, no hay milagros. Algunos en mi ciudad dicen: «El pastor Ronny profetiza y ministra en otros países, y Dios lo usa. Pero cuando llega a su iglesia en Santiago, solo predica». Es que la gente se acostumbró a ir a la iglesia del pastor Ronny y perdió la expectativa que produce la fe.

Visito países donde hay personas que duermen en la puerta del auditorio para ingresar primeros, y pasan toda la noche allí. Pero cuando estoy en mi iglesia, algunos de los miembros me dicen: «Hoy estuvo medio flojito el pastor. Seguramente estaba cansado».

"EL TAMAÑO DE TU FE DETERMINARÁ EL TAMAÑO DEL MILAGRO QUE VIVIRÁS."

En Nazaret, la ciudad de Jesús, los milagros no fluían porque la gente decía: «¿No es este el hijo del carpintero?». Pero en otra ciudad, mientras Jesús iba pasando, un hombre gritó: «Jesús, hijo de David, ten misericordia de mí».

En una ciudad era «el carpintero», en la otra era «el hijo de David».

En una ciudad era «el carpintero», en la otra era: «Maestro, sálvanos. Mi hija se está muriendo».

En una ciudad era «el carpintero», en la otra: «Sé que tú eres el hijo de Dios que descendió del cielo para cambiar la generación en la historia de la humanidad».

Permíteme traer claridad al tema: «El manto que tú reconoces, es el manto que tú recibes». Nunca recibirás algo de quien tú no crees que Dios puede usar, porque antes que el milagro, está la fe. Nunca te acostumbres a estar en un ambiente espiritual como si fuera algo normal.

Cuando comenzamos a orar por el terreno donde edificaríamos el templo, no cesábamos de clamar. Hasta que un día, oramos y lloramos, y Dios me dijo: «El terreno que vas a comprar tiene tu nombre». En un principio no entendí qué me estaba diciendo. Cuando fuimos a verlo, nos gustó y lo elegimos. Al momento de firmar los documentos nos dimos cuenta que la calle del costado del terreno se llamaba «Francisco Olivera». Entonces recordé la palabra que Dios me había dado al decirme que el terreno tenía mi nombre.

HARÉ DE TI ALGO GRANDE Y TE BENDECIRÉ

1. «Abraham, haré de ti una *gran* nación».
   Primero Dios le dijo que haría algo grande. Lo que Dios hará contigo será grande, por eso está tardando. No esperes algo pequeño de un Dios tan grande. Porque Su amor y Su poder son grandes. De acuerdo con el tamaño de tu fe, será la dimensión de tu milagro.

2. «Abraham, no solo haré algo grande contigo, sino que también te bendeciré».
   Luego le dijo: «Te bendeciré». Hay gente que tiene miedo de hacer cosas grandes por temor a no poder mantenerlas. Pero el mismo Dios que promete que hará algo grande, te bendecirá. He escuchado a algunos cristianos decir: «No voy a construir algo muy grande, no sea cosa que después no pueda mantenerlo» o «No voy a comprar algo muy grande, a ver si después no puedo terminarlo».

3. «Engrandeceré tu nombre».
   En tercer lugar, Dios dice que hará grande nuestro nombre. Hay muchos por ahí que dicen: «Este hombre busca gloria, busca fama». Sin embargo, Dios le dijo a Abraham que haría su nombre reconocido. Es obvio que nosotros no buscamos la fama, por eso no pagamos seguidores ni publicidad. Pero es imposible que Dios haga algo grande en ti, te bendiga en gran manera y que la gente no te conozca, ya que es una consecuencia. Si Dios te promete algo grande y te bendice de una forma sobrenatural, por consecuencia, serás conocido.

Dios quiere engrandecer tu nombre para que cuando la gente vea tu apellido escrito en el camión de tu empresa o en la marquesina de tu negocio, diga: «Pero ¿este hombre no era pobre? No tenía nada, y cuando comenzó a ir a la iglesia, Dios lo bendijo de tal forma que mira cómo ha crecido». Es ahí cuando Dios bendice tu nombre.

Si pensamos en la historia bíblica descubriremos que David era un desconocido y Goliat era famoso. Por esa razón, el rey Saúl dijo: «Este hombre es guerrero desde su juventud, la gente conoce sus peleas». Y aunque David era un desconocido, Dios dijo: «Tengo un plan. El desconocido matará a Goliat, y este caerá. Entonces la gente preguntará: «¿Cómo se llama el muchacho que venció al gigante?». Y el resto responderá: «No tenemos idea de su nombre, pero lo mató».

Por eso debes saber que tu gigante te hará famoso. Tu gigante te hará conocido. El gigante hará que todos vean el poder de Dios sobre ti. Entonces dirán:

—¿Y ese cómo se llama?
—No sé, pero venció el cáncer.
—¿Y ese otro?
—No sé su nombre, pero salió de las adicciones.
—Oye, ¿y aquella mujer que estaba en depresión porque se sentía vacía?
—Sí, me acuerdo de ella.
—¿Qué pasó? ¿Se murió?
—No, todo lo contrario, está mejor que nunca.
—Y aquel matrimonio que estaba a punto de separarse, ¿qué pasó? Y aquellas personas que estaban en crisis en su trabajo, ¿qué ocurrió?
—Todos ellos están muy bien. Algunos hasta salieron en las noticias de la televisión y en el periódico. Porque lo que Dios hizo en sus vidas fue tan grande que hasta el mundo estaba sorprendido.

LOS QUE CAMINAN CRITICAN, LOS QUE VUELAN BENDICEN

«Bendeciré a los que te bendijeren, y a los que te maldijeren maldeciré; y serán benditas en ti todas las familias de la tierra» (v.3). El gran secreto es que: Dios solamente bendice a aquellos que son de bendición. La ingratitud es lo más duro que puede haber en la vida de un creyente.

Un hombre estaba cruzando hacia el otro lado por las vías del tren y por un paso mal dado, su pie quedó enganchado entre los rieles. Cuando quiso sacarlo, no podía. Al levantar su cabeza vio que el tren estaba acercándose y comenzó a gritar: «¡Dios, ayúdame! ¡Dios, ayúdame, por favor!». El tren estaba cada vez más cerca, y el hombre continuaba gritando: «Dios, ayúdame», mientras permanecía enganchado entre las vías, de tanto tirar desesperadamente, Dios lo escuchó, logró soltarse y sacar el pie. Inmediatamente dijo: «Dios, ya lo logré, no necesito tu ayuda».

Solemos ser tan soberbios que oramos a Dios, le pedimos ayuda, y cuando responde, decimos: «Yo lo hice. Yo lo alcancé». Ante esta ingratitud del hombre, la respuesta de Dios es: «Muy bien, si tú lo hiciste, trata de sostenerlo entonces».

Si Dios hace el milagro, debes reconocerlo. Pero cuando crees que lo ganado es el resultado de tu fuerza, tendrás que continuar haciéndolo solo. Por esa razón, el que reconoce que fue Dios quien lo hizo, dice: «Señor, tú me diste esta empresa. Hazte cargo».

Cuando tengo problemas en la iglesia, voy con libertad delante de Dios y en oración le digo: «Señor, este es tu pueblo, es tu iglesia, son tus hijos. Tú me llamaste y me enviaste. Ayúdame con este conflicto». Y Dios resuelve lo que lógicamente yo no puedo. Porque como la obra es de Él, Él se encarga.

Mucha gente es bendecida espiritualmente y otra permanece atada, amarrada. Si quieres saber cuál es el secreto para desatarte de tanta maldición que cubre tu vida y tu familia, es esto que declara la Palabra de Dios para ti, créela: «Bendeciré a los que te bendicen, y maldeciré a aquellos que te maldicen». Yo la llamo «la unción de búmeran». Lo que lanzo, vuelve.

"LOS QUE CAMINAN CRITICAN, LOS QUE VUELAN BENDICEN."

Abraham era el padre de la fe, era un líder en la fe. Cuando maldices a un Pastor, te estás maldiciendo a ti mismo. Cuando señalas, críticas y juzgas a un Pastor, estás buscando maldición para tu vida. Por esa razón siempre deben salir de mi boca palabras de vida. Como tengo en claro este gran secreto y esta gran verdad, nunca me escucharás decir algo malo de algún hermano que se fue de la congregación. Nunca oirás de mi boca palabras de maldición ni críticas. Porque sé lo que porto. Sé lo que doy, y eso es lo que vuelve.

Observarás a tu alrededor personas que van de mal en peor. Y otros que van de gloria en gloria. Siempre que escuches algo, sea de quién sea, pon sobre la mesa los frutos. La Biblia no dice: «Por sus palabras los conoceréis». Lo que dice es: «¿Quieres conocer a una persona? Por sus frutos los conocerán». ¿Te has dado cuenta de que los que más critican son los que menos frutos traen? ¿Te has dado cuenta de que los que más señalan y juzgan, son los que menos frutos aportan? Y si les preguntas:

—¿Lideras algún grupo?
—Ninguno —responden.
—¿A qué célula vas?
—A ninguna.
—¿Por qué? Porque todo está mal.

¿Cómo puede ser que alguien que no edifica a nadie te enseñe a ti cómo se deben hacer las cosas? ¿Cómo puede haber personas que no están lo suficientemente crecidas en Dios, que te den consejo acerca de cómo permanecer de pie? Hay gente que está caída, tumbada, y le enseña a otro cómo permanecer de pie en la Presencia de Dios. Por eso la Biblia dice: «Por sus frutos, los conoceréis».

Abraham recibió promesas de parte de Dios de que continuaría más allá de su generación y se extendería hacia las siguientes generaciones. En esas promesas se encuentra la fórmula, la llave, el secreto de la bendición.

Amigo(a), estamos viviendo tiempos difíciles, donde hay muchos que maldicen y pocos que bendicen, hay muchos que odian y pocos que aman, hay muchos para destruir y pocos para edificar.

Por eso, para este tiempo necesitamos hombres y mujeres de fe que miren las cosas desde arriba y no desde abajo. Personas que han respondido al llamado de Dios y han comprendido que son parte de esta generación que nació con Abraham y que continúa contigo. Una generación que bendice y no maldice, que comprende que comenzó con Abraham y seguirá contigo, con tus hijos, y seguirá con tus nietos hasta que el Señor regrese.

Si quieres ser parte de la generación que presenciará y participará del avivamiento que está por llegar, debes tener fe, aprender a discernir la voz de Dios y a escucharlo para recibir su guía, su dirección. Solo una generación bendecida puede ser usada por Dios, ya que reconoce que nada ha logrado por su propia fuerza ni sabiduría, sino por el poder de Aquel que lo ha enviado.

PROFETIZO SOBRE TU VIDA

Eres un portador de la bendición de Dios y por donde quiera que pise la planta de tus pies, el lugar será bendecido. Declaro sobre tu vida que el Señor se glorificará a través de ti, y cuando lo haga, será evidente. Si muchas personas te maldijeron, hoy Dios me pide que te bendiga, y por eso envío palabras de vida y de bendición sobre ti. Declaro que eres bendito en el nombre de Jesús. Bendigo tu casa, tu familia, tu matrimonio y tus hijos. Dios despliega un lienzo dorado que se extiende sobre ti. Esta es una cobertura de bendición y de prosperidad que Dios suelta sobre tu vida. La promesa que Dios le dio a Abraham se extendió hacia tu vida y la vida de tus hijos para ser una generación bendecida. Fue Dios quien dijo: «Te bendeciré y serás bendición».

"CAMINA EN FE, BENDICE A OTROS Y SERÁS PARTE DE UNA GENERACIÓN MARCADA POR LA BENDICIÓN DE DIOS."

CAPÍTULO 4

HONRANDO A LA MUJER

Hace un tiempo falleció una mujer que ha marcado mi vida: la abuela María. ¡Qué privilegio tuve de haberla tenido tantos años conmigo! Una guerrera, vigilante, protectora y proveedora. Una mujer que me amó y cada día me lo hizo saber, aún hasta su último suspiro. Tenía una forma única de cuidarme y de demostrar todo lo que sentía por mí. Ella fue mi profeta.

Cuando era un adolescente, ella siempre que se enojaba conmigo me decía: «Anda, vete a la China». Hasta que un día me di cuenta a cuántos países diferentes ya había ido a predicar, pero la profecía tuvo cumplimiento cuando ingresé a predicar a China. Todavía recuerdo que la llamé desde allí y le dije:

—Abuela, ¿sabes dónde estoy?
—¿Dónde estás? —me preguntó.

—Tu profecía se ha cumplido. Tanto que me profetizaste, se me cumplió. Estoy en la China, abuela.
—Su risa única se escuchaba del otro lado del teléfono.

A través de ella, hoy honro a tantas mujeres de Dios, comenzando por mi esposa, mujeres que aman a sus familias y luchan arduamente por ellas, que sirven a Dios con fervor y mucho amor. Y por eso he decidido escribir este capítulo dedicado especialmente a las mujeres, pero que todo hombre debería leer.

Hoy las mujeres están siendo bombardeadas en su identidad y en su propósito. Ellas siempre están dispuestas a ir tras las enseñanzas del Maestro, y sin dudar, así como lo demuestran las historias bíblicas, son las primeras en creer y dejar de caminar para empezar a volar. Es por ello que el enemigo las ataca tanto en todas las áreas donde pueden sentirse vulnerables.

Perdí la cuenta de la cantidad de veces que una mujer me preguntó: «Pastor, ¿por qué el diablo me ataca tanto? Tengo conflictos en mi matrimonio, en el trabajo, con mis hijos. Pero yo no le hago nada a nadie. Y aunque trato de huir de los problemas, ellos me buscan hasta encontrarme».

Es que, en verdad, la mujer es una herramienta muy poderosa en las manos de Dios. Todo comienza desde el verdadero principio: El Paraíso. Cuando Adán estaba solo, la serpiente nunca apareció. Pero cuando Dios formó a la mujer, de repente, surgió la serpiente.

Mi pregunta es, ¿por qué? Porque el hombre solo no reproduce. Cuando aparece la mujer, también surge la capacidad de la multiplicación. Entonces comprendí que el enemigo siempre aparece cuando estás a punto de reproducir. El hombre nunca ha podido decir que «dio a luz». La única que puede hacerlo, es la mujer. Porque todo lo que nace de ella es para alumbrar con autoridad, con poder y con gloria.

Por algún motivo, luego de tantas luchas, algunas mujeres han bajado sus brazos y apagado su brillo. Si este es tu caso, debes saber que Dios quiere rescatarte, por eso te dice: «Levántate y resplandece». Porque cuando una mujer se levanta con fe y oración, ufff… ¡que se prepare el enemigo!, porque puedo asegurarte que cosas suceden.

En cualquier familia latinoamericana, suele verse la misma escena familiar. La mamá haciendo algún quehacer de la casa y los niños en la habitación gritando: «Mami, mi hermano me está molestando». Entonces la mamá responde: «¡Dejen de pelear! ¡Miren que si yo me levanto…!». Pero ellos continúan discutiendo. Entonces la madre sigue subiendo su nivel de amenaza al decir: «¡¡No me hagan ir a la habitación a buscarlos!!». Cuando la mamá comienza a soltar lo que tiene entre manos y se dirige a la habitación, los niños escuchan los pasos y empiezan a correr, a huir, a disparar…

En el mundo espiritual, cuando el diablo está atacando y persiguiendo a una mujer, si ella dice: «¿Sabes qué Satanás? Si me tengo que levantar en oración y ayuno… Caerás bajo mis pies y soltarás lo que tienes retenido y que no te pertenece. ¡Soltarás a mi marido y a mis hijos! ¡Soltarás mi provisión!».

Puedo asegurarte que el enemigo tiembla ante una mujer que se levanta en oración por su familia. Por esa razón, el enemigo siempre quiere atacarla en su sensibilidad y su estima. Pero mujer, el Señor quiere desafiarte diciéndote: «Levántate, resplandece; porque ha venido tu luz, y la gloria de Jehová ha nacido sobre ti. Porque he aquí que tinieblas cubrirán la tierra, y oscuridad las naciones; mas sobre ti amanecerá Jehová, y sobre ti será vista su gloria» (Isaías 60:1-2).

Mujer, tienes que ponerte en la brecha y comenzar a batallar por tus hijos. Porque donde hay una madre que se levanta, hay hijos que están de pie. Donde hay una esposa que se levanta, hay hombres que están de pie. El enemigo te ataca porque sabe que, si te paras firme, no te detendrás hasta destruir el infierno.

Ahora mismo, mientras lees esta parte del libro, te animo a que levantes tu dedo, apuntes al suelo y digas: «Diablo inmundo. Te equivocaste cuando te metiste con mis hijos, con mi familia, con mi matrimonio. Te equivocaste porque hoy me voy a levantar y voy a pedir mi revancha».

MUJER, TIENES EL DON DE LA RESISTENCIA

Por años, la mujer fue señalada como la más frágil. Sin embargo, debemos entender que, como dice la Biblia: Dios «formó al hombre del polvo de la tierra, y sopló en su nariz aliento de vida, y fue el hombre un ser viviente» (Génesis 2:7). Luego, al ver que Adán necesitaba una compañera, Dios hizo lo siguiente: «De la costilla que Jehová Dios tomó del hombre, hizo una mujer, y la trajo al hombre» (Génesis 2:22).

Deseo que puedas comprender que el hombre fue creador de barro, un material blando. Pero la mujer fue formada de la costilla del hombre, de hueso, que es la parte más fuerte del cuerpo humano. Es por ello que tanto me asombro al ver la fuerza que Dios les ha dado.

"MUJER, TIENES EL DON DE LA RESISTENCIA."

Pero, también el Señor dice que los maridos debemos dar «honor a la mujer como a vaso más frágil, y como a coherederas de la gracia de la vida». Y se refiere a su fragilidad emocional, puesto que, en resistencia física, es muy fuerte.

Es sabido que cuando un hombre se resfría, no se levanta y desde la cama, y con cara de moribundo, dice: «Por favor, tráiganme un escribano para redactar mi testamento. La casa queda para Fulano. El automóvil se lo dejo a Fulano. La cuenta del banco va para este otro». Porque siente que un resfrío lo debilita, le saca la fuerza. Si se siente mareado, tiene que recostarse porque se siente morir.

Sin embargo, cuando una mujer se resfría y tiene que salir a trabajar, se toma un analgésico, antes de salir va al espejo y se arregla bien; porque puede estar resfriada, pero jamás desarreglada. Aun sintiéndose mal, está lista para salir a trabajar por la mañana, por la tarde y a veces tiene tiempo para atender algunos llamados, buscar a los niños por la escuela y detenerse a comprar algo para preparar la cena. Y si le queda tiempo, pasa por la farmacia a buscar algo que le ayude con su resfrío. Ni hablar del momento en que le toca traer a un hijo al mundo. La mujer tiene una gran resistencia, mientras que el esposo, con solo estar parado a su lado y presenciar el nacimiento, se cae desmayado.

Creo que ni aún ellas mismas saben la fuerza que Dios les ha dado. Por ello, Dios quiere decirte: «Mujer, es hora de secarte las lágrimas, pararte firme y decir: Voy por todo. No me voy a quedar con cara de lástima o de víctima. Me pondré de pie y comenzaré a correr la carrera de la fe. Nadie podrá detenerme».

EN LAS MANOS CORRECTAS

Sin embargo, es increíble que mujeres tan fuertes puedan debilitarse tanto emocionalmente. ¿Quieres ver a una mujer deprimida? Dile que está gorda o que el corte de cabello le queda mal. Emocionalmente, le llevará varias semanas recuperarse. Como el infierno sabe qué palabras le hacen daño, usará a sus hijos, a su marido o a su jefe, para herirla y sacarla del camino.

Pero tú, mujer, debes afirmar en tu corazón lo siguiente: «No permitas que la voz del enemigo sea más fuerte que la voz de Dios». Él te ha capacitado y te ha fortalecido porque sabe que en este último tiempo de la Iglesia en la tierra habrá un tremendo avivamiento. Y el enemigo sabe la capacidad que Dios ha puesto en las manos de la mujer.

La Biblia relata la historia de Moisés. Su mamá dio a luz a un niño esclavo, que de acuerdo a un edicto de Faraón debían morir junto al resto de los niños varones recién nacidos. Luego de tres meses de tenerlo escondido, la madre tuvo que llevarlo al río en una canasta para que sea llevado por las suaves corrientes del Nilo, que recibió en sus aguas a un niño judío esclavo.

La hija de Faraón, que se estaba bañando, vio esa canasta flotando y escuchó el llanto de un niño esclavo. Tomó la canasta, alzó en sus brazos al niño, y vio que era un bebé judío esclavo. Pero la hermana de Moisés, que seguía el transitar de la canasta mirándola de lejos, al ver lo que estaba sucediendo, se acercó y le dijo a la hija del Faraón: «¿Iré a llamarte una nodriza de las hebreas, para que te críe este niño?». La hija de Faraón aceptó y la muchacha llamó a la madre del niño. Cuando la nodriza llegó, la hija de Faraón le entregó a esa esclava judía, un niño en sus manos y le dijo: «Por favor, cuida a este príncipe». Pasar por las manos de una mujer, le cambió la vida a Moisés. Pasó de ser esclavo a príncipe.

Mujer, Dios usará tus manos, tu vida, tu casa, para transformar esclavos en príncipes. Tú no diste a luz a un adicto o a un delincuente. Dios te dio la bendición de ser madre para que tus hijos tuvieran propósito en Él y le sirvieran. Pronto verás cómo cambiarán y se transformarán de esclavos a príncipes.

El pasar por las manos correctas cambió el destino de Moisés. Una mujer, en la hora correcta, en el lugar correcto, transforma un futuro y un destino. Una mujer en la hora correcta, en el lugar correcto, tiene el potencial de alterar el futuro de la próxima generación.

El día en que Moisés nació, aparentemente nació un problema, pero lo que la gente no sabía era que, aquel niño que había nacido, era la solución para el problema. Moisés nació en medio de la crisis, para solucionarla.

> **"DIOS USARÁ TUS MANOS, TU VIDA, TU CASA, PARA TRANSFORMAR ESCLAVOS EN PRÍNCIPES."**

Faraón creía que él era el más poderoso de la tierra y ordenó: «A partir de hoy, de los niños que nazcan, si es varón, debe morir, si es niña, vivirá». Ante esta determinación de Faraón, Dios dijo: «Muy bien, el varón que yo quiero que viva, crecerá en tu propia casa». Y así fue. Moisés, quien más tarde liberaría a Israel de la esclavitud de Egipto, creció en el mismo palacio donde se firmó el decreto que los niños debían morir.

Imagino a la hija de Faraón, madre adoptiva de Moisés, diciendo: «Padre, el niño necesita ropa, maestros, entrenamiento físico…». ¿Quién crees que pagó la ropa y la educación de Moisés? ¡Faraón! Y no era cualquier ropa, sino vestimentas reales. Habrá tenido a los mejores maestros y el mejor entrenamiento del país. Dios hizo que Faraón invirtiera en aquel a quien un día quiso matar.

Mujer, aquellos que quisieron verte destruida y lastimada, terminarán invirtiendo en ti. Hay madres que oran y le dicen a Dios: «Señor, ¿por qué no destruyes a mis enemigos?» Supongo que la respuesta de Dios es: «Si destruyo a tus enemigos, después, ¿quién te aplaudirá cuando Dios te honre?». Porque así dice el Señor en Su Palabra: «Aderezas mesa delante de mí en presencia de mis angustiadores; unges mi cabeza con aceite; mi copa está rebosando» (Salmo 23:5).

MUJER EN AUTORIDAD

Es curioso que la mujer no necesite un título para demostrar autoridad. Cuando ya era grande, y mi abuela me decía: «Siéntate». Yo me sentaba. Mi mamá me decía: «No vas a ir a ese lugar». Yo no salía. Su título era el de «mamá», y cuando ella hablaba, tenía una tremenda autoridad. Si puedes entender esto, recuperarás tu autoridad de madre.

El enemigo quiso avergonzarte como mujer, pero Dios hará que recuperes esa autoridad. Tus hijos te respetarán como a una mujer de Dios. Tus hijos serán hijos de honor, de bendición, no de problema ni de maldición.

Declaro esta palabra de fe sobre ti, querida lectora: «Sobre tu casa y tu familia vendrá la bendición de Dios. El enemigo no te hubiera atacado tanto si tú no tuvieras algo que ofrecer».

Como mujer tienes una capacidad de revelación y discernimiento, única. Podemos leerlo en el libro de Génesis, cuando Adán ya había comido del fruto, y Dios le preguntó: «Adán, ¿dónde estás?». «Y el hombre respondió: La mujer que me diste por compañera me dio del árbol, y yo comí. Entonces Jehová Dios dijo a la mujer: ¿Qué es lo que has hecho? Y dijo la mujer: La serpiente me engañó, y comí» (Génesis 3:12-13).

Luego de esto, Dios le dijo al hombre: «Por cuanto obedeciste a la voz de tu mujer, y comiste del árbol de que te mandé diciendo: No comerás de él; maldita será la tierra por tu causa; con dolor comerás de ella todos los días de tu vida. Espinos y cardos te producirá, y comerás plantas del campo. Con el sudor de tu rostro comerás el pan hasta que vuelvas a la tierra, porque de ella fuiste tomado; pues polvo eres, y al polvo volverás» (Génesis 3:17-19).

A la serpiente le dijo: «Por cuanto esto hiciste, maldita serás entre todas las bestias y entre todos los animales del campo; sobre tu pecho andarás, y polvo comerás todos los días de tu vida» (v.14).

Y a la mujer le dijo: «Multiplicaré en gran manera los dolores en tus preñeces; con dolor darás a luz los hijos; y tu deseo será para tu marido, y él se enseñoreará de ti» (v.16).

Me imagino que Eva habrá preguntado: «¿Qué es el dolor?». Y Dios le habrá respondido: «Tranquila, ya lo descubrirás». Pero no solo recibiría dolor, también le dio un talento. La Palabra continúa diciendo: «Pondré enemistad entre tú y la serpiente».

El enemigo directo del diablo no es el hombre sino la mujer. En ese momento, Dios le dio a la mujer un sexto sentido. Así lo llama la ciencia, yo lo llamo un «don de Dios». ¿Cuál es? La habilidad de percibir al enemigo de lejos. Toda mujer tiene ese don, ese talento. Por ejemplo, cuando un hombre llega a su casa diciendo: «Hola mi amor, te presento a mi socio, vamos a hacer negocios juntos». Inmediatamente la mujer detecta algo y luego, le dice a su esposo:

—Aléjate de este hombre. Es un peligro.
—¿Cómo puedes decir eso, si no lo conoces?, —responde el esposo.
—No tengo idea de cómo lo sé, pero algo dentro de mí me dice que te apartes de él.

Es que Dios le ha dado el potencial para descubrir por dónde vendrá su enemigo. Pero ella sabe que, si viene por un camino, por siete tendrá que huir.

La maldición no llegará a tu casa ni a tus hijos.

Tu hijo puede vivir en China, y cuando llama a tu casa, atiende el padre y dice:

—Hola, hijo, ¿cómo está todo?
—Bien papá. Todo bien.
—¿El estudio?
—Perfecto. Muy bien.

La madre, mientras cocina, dice: «Pásame con el muchacho».

Y con tan solo una pregunta como:

—Hola, hijo, ¿cómo está todo?
—Todo bien, mamá.
—Dime la verdad, ¿cómo está todo?, —vuelve a preguntarle.
Y el muchacho se larga a llorar y le cuenta qué está ocurriendo.

Mujer, quizás tú no sabes que es un don, y piensas que solo sabes lo que le pasa por haberlo cargado durante nueve meses en tu vientre. Pero en verdad es una gracia que Dios te ha dado. Por eso, el Señor te dice hoy: «Hija, en este año vuelvo a activarte en el don de discernimiento que se iniciará a través de los sueños, discernimiento a través de la Palabra, discernimiento para determinar si una persona es o no de Dios, con tan solo escuchar unas palabras. Dios te dará discernimiento para saber con quién negociar, con quién firmar un contrato y con quién asociarte».

El 19 de enero de 2012 fue un día muy oscuro para nosotros como familia. Entramos a un hospital siendo tres y regresamos a casa solo dos. Ya teníamos los pañales, la habitación y la cuna, pero regresamos sin el bebé. Soy un profeta y Dios me usa para hablarle a mucha gente, pero no me dijo nada de lo que iba a vivir. Y que perderíamos un bebé.

Sin embargo, el 19 de enero de 2013, el mismo día, el mismo mes, un año después, nació nuestro hijo Lucas. Ahí Dios me dijo: «La misma mano que hiere, es la mano que sana». Así como ocurrió con mi familia, oro para que Dios sane toda herida que aun sangra en tu corazón. Oro para que Dios te levante y te fortalezca. Oro para que Dios renueve sus promesas sobre tu vida. Y que el dolor de tu pérdida se convierta en un testimonio de sanidad para la vida de alguien tal como lo estoy haciendo ahora.

Mujer, levántate de tu dolor, de tu aflicción. Levántate para resplandecer. Te veré brillando. Lo que ha sucedido no apagará tu brillo. Volverás a resplandecer y recuperarás las fuerzas para correr, como lo has hecho antes. No te des por vencida, aunque nadie te comprenda, Dios renovará la autoridad que el enemigo quiso quitarte.

Dios no te quiere ver arrastrándote, Dios quiere verte volando en el propósito y en el potencial para el cual te ha formado. Usarás tus dones, tus talentos y ¡nadie apagará tu brillo!

PROFETIZO SOBRE TU VIDA

Mujer, declaro sobre tu vida que tus hijos no heredarán tus pecados, sino tus promesas. Tus hijos no heredarán la maldición de tu familia, sino sus promesas. Serás bendecida tú, tus hijos y los hijos de tus hijos. Declaro en Cristo Jesús que todo el potencial que tienes dentro, lo sacarás fuera. Declaro que hoy se activa en ti toda la potencia que Dios ha depositado en tu vida. En el nombre de Jesús.

"LEVÁNTATE PARA RESPLANDECER. TE VERÉ BRILLANDO."

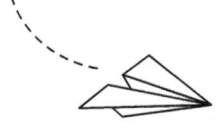

CAPÍTULO 5

CIELOS ABIERTOS PARA VOLAR

Una mañana estaba jugando con mi hijo y tenía en mi mano una tiza, como las que se usan para escribir en los pizarrones escolares. Cuando la apreté con un poquito de fuerza, la tiza se partió. Continuamos jugando y, como tengo la mano muy pesada, volví a apretar y se me partió nuevamente. Aunque parezca difícil de creer, la tiza siguió partiéndose mientras jugaba. En aquel momento, el Señor se metió allí, en el lugar donde estábamos jugando, y me dijo: «Ronny, ¿eso partido también funciona?». Entonces le respondí: «Señor, no entiendo». Y él me dijo: «No importa en cuántos pedazos la vida te partió. Mientras estés en mis manos, seguirás escribiendo».

Quizás la vida te partió al medio, pero aun así, Dios puede y quiere hacer cosas grandes contigo. Hay quienes necesitan entender que tu historia no la escribe el hombre sino Dios.

¡Qué tremendo es sentir que estás hecho pedazos! Y los que están enteros, te miran, se burlan y se ríen. Pero ¿sabes por qué ellos están enteros? Porque nunca fueron usados. Nunca salieron de la caja. Nunca se atrevieron a hacer nada. De hecho, hay gente que está entera porque sale de una caja para entrar a otra.

"MIENTRAS ESTÉS EN MIS MANOS, SEGUIRÁS ESCRIBIENDO."

Dios quiere decirte que no importa en cuántos pedazos la vida te partió, Él continúa escribiendo tu historia, porque lo mejor viene en camino. Quiero liberar una palabra profética para tu vida: «Tu mejor tiempo está por llegar».

«Y le dijo: De cierto, de cierto os digo: De aquí en adelante veréis el cielo abierto, y a los ángeles de Dios que suben y descienden sobre el Hijo del Hombre» (Juan 1:51).

TEMPORADA DE CIELOS ABIERTOS

«Aconteció en el año treinta, en el mes cuarto, a los cinco días del mes, que estando yo en medio de los cautivos junto al río Quebar, <u>los cielos se abrieron</u>, y vi visiones de Dios» (Ezequiel 1:1).

Viene sobre tu vida una temporada de cielos abiertos que habitará sobre tu casa, tus hijos, tu matrimonio, tus finanzas, tu empresa y tu ministerio. Donde quiera que tus ojos alcancen a mirar, verás los cielos abiertos.

Es interesante comprender el significado del número tres en distintos momentos a lo largo de la Biblia. Revisémoslo juntos:

- El Arca del Pacto quedó en la casa de Obed-Edom durante <u>tres meses</u>, y a causa de ello, la bendición de Dios descendió sobre ese lugar.
- También la Biblia relata que los integrantes de la familia de Moisés quedaron escondidos en su casa <u>durante tres meses</u> para que no mataran al niño. Pero después, el niño había crecido tanto que ya no podían ocultarlo más.
- Llamativamente, Jesús estuvo <u>tres días</u> muerto. El viernes tenía heridas. El sábado nadie lo vio. El domingo ya no eran heridas sino cicatrices de su resurrección.
- Durante la temporada de cielos abiertos, lo que tardaría años en sanarse, en tan solo tres meses, sanará. Lo que necesitaría años en ser restaurado, en los próximos tres meses lo será. Este capítulo es un mensaje de restauración para todo aquel que lo estaba esperando, ya que anhela ser usado por Dios.

La oración por la cual has clamado toda tu vida, será respondida en los próximos meses, porque los cielos serán abiertos sobre tu casa.

"TU MEJOR TIEMPO ESTÁ POR LLEGAR."

Así como dice el texto bíblico, habrá ángeles de Dios que subirán y descenderán trayendo respuestas. En los próximos meses, Dios marcará tu vida para los años que vendrán. Lo que Dios te prometió, se cumplirá.

Lo que Dios hace en diez años, puede hacerlo en uno. Lo que Dios hace en un año, puede hacerlo en un mes. Lo que Dios hace en un mes, puede hacerlo en una semana. Lo que Dios hace en una semana, puede hacerlo en un día. Lo que hace en un día, puede hacerlo en una hora y lo que hace en una hora, puede hacerlo en este momento, mientras estás leyendo, si logras ver los cielos abiertos.

¿Estás listo para volar?

«En el sexto año, en el mes sexto, a los cinco días del mes, aconteció que estaba yo sentado en mi casa, y los ancianos de Judá estaban sentados delante de mí, y allí se posó sobre mí la mano de Jehová el Señor. Y miré, y he aquí una figura que parecía de hombre; desde sus lomos para abajo, fuego; y desde sus lomos para arriba parecía resplandor, el aspecto de bronce refulgente. Y aquella figura extendió la mano, y me tomó por las **guedejas de mi cabeza**; y el Espíritu me alzó entre el cielo y la tierra, y me llevó en visiones de Dios a Jerusalén, a la entrada de la puerta de adentro que mira hacia el norte, donde estaba la habitación de la imagen del celo, la que provoca a celos» (Ezequiel 8:1-3).

Cuando Ezequiel fue llevado cautivo, Israel no estaba atravesando el mejor momento sino el peor. Había amenaza de muerte y peligro. Sin embargo, en medio de todo ese caos, Ezequiel vio los cielos abiertos.

Tal vez estás viviendo tu peor momento, pero Dios puede mostrarte que los cielos están abiertos sobre tu vida. Si estabas esperando una respuesta de parte de Dios, este es el momento exacto.

Dios no necesita que estés pasando un tiempo difícil para que vivas una temporada de cielos abiertos. En este exacto momento, Dios está visitando a quienes están buscando una palabra de Su parte.

Algunos creen que, para que los cielos se abran, es necesario crear un ambiente específico o cambiar las circunstancias. Pero déjame compartirte una palabra rhema: ¿Dónde se multiplicaron los peces? Desde que el mundo es mundo, los peces se multiplican en el agua. Pero ¡qué raro! Vemos a Jesús en el desierto, multiplicando los peces desde afuera del agua. No importa si hay agua, donde está Jesús, la multiplicación es segura. Él no necesita nada material para hacer milagros. No necesita que tu ambiente cambie para que los milagros sucedan. Si hay agua, los peces se multiplican. Si no hay agua, pero está Jesús, los peces también se multiplican. Solo necesitas que Jesús esté contigo. No necesitas la aprobación de tu jefe, solo necesitas a Cristo, porque si lo tienes a Él, es más que suficiente para que todo se multiplique.

Jesús tomó el pan y lo partió para darle a la gente. Sin embargo, en el relato no dice que Jesús partió el pez. Porque el pan es fabricado por los hombres, y lo que el hombre hace se puede partir, pero lo que Dios hace, no se parte, sino que se multiplica. Él no necesita que las cosas se rompan para que se multipliquen. Él también puede multiplicar desde la perspectiva de lo completo, de lo pleno, de lo genuino.

"VIENE SOBRE TU VIDA UNA TEMPORADA DE CIELOS ABIERTOS."

Hace un tiempo, en medio de la guerra entre Rusia y Ucrania, Dios me dijo:

—Ronny, debes viajar a Rusia.
—Señor, ¿estás seguro? —respondí—. Arriba, en el cielo, están enterados de lo que está sucediendo allá, ¿verdad?

—Sí, claro que sí, —me contestó Dios—. O sea que tú quieres ser profeta en Miami, en Dubái, en Cancún, y en Rusia, ¿no?

Entonces tuve que subir a un avión muy grande, de esos de doble piso, que pesa toneladas. El vuelo estaba retrasado, y mientras esperábamos que despegara, el piloto, que hablaba inglés, comenzó a explicarnos a los pasajeros la razón de la demora. Esperé que alguna azafata lo tradujera al español para entender mejor, y lo que había dicho era: «Señores pasajeros, estamos esperando que venga el remolque que se engancha a la rueda delantera para llevar el avión hacia la pista». Ante mi sorpresa, ese pequeño remolque lo mueve, lo empuja, lo posiciona y luego lo suelta para que comience a tomar velocidad carreteando hasta que finalmente, levanta vuelo.

Entonces le pregunté a la azafata: «¿Por qué tenemos que esperar al remolque? ¿No puede el piloto poner reversa al avión, así no tenemos que esperar tanto tiempo?». Y ella respondió: «Lo que sucede es que el avión no tiene marcha atrás. Es más, el avión pesa toneladas y el remolque es muy pequeño. Pero para que este avión grande levante vuelo, necesita que este pequeño remolque lo ponga en posición».

Aquel día me di cuenta que para que muchos grandes alcen vuelo, van a necesitar que los pequeños los posicionen. Hay padres que nunca cruzaron las fronteras, pero posicionaron a sus hijos para cruzar. Hay madres que jamás recibirán un título universitario, pero posicionaron a sus hijos para recibirlo.

Quizás tú nunca conozcas las alturas, pero si logras posicionar a alguien para que vuele.

Si quieres alcanzar las alturas, tienes que entender que no puedes menospreciar a los pequeños, porque ellos te posicionarán en la ruta que te lanzará a volar., estarás cumpliendo tu misión. Los grandes no pueden volar sin la ayuda de los pequeños

¡Prepárate! Si te sentías pequeño, debes saber que Dios te usará para posicionar a personas que pronto levantarán vuelo.

Quizás nunca lograste alcanzar tu propia graduación universitaria. Pero seguramente tu hijo lo hará, al igual que tu nieto. Lo que para ti fue un techo, para tus hijos será el primer piso. Desde ahí arrancará, desde ahí comenzará. Puede que ese camioncito no vuele, pero posicionará a mucha gente que levantará vuelo. Quizás Dios te use como un aeropuerto desde donde enviará a otros hacia su destino.

DIOS NO QUIERE QUE ALGUIEN CON TANTAS PROMESAS, MIRE AL PISO

Si estuviste quieto por mucho tiempo, prepárate, es tiempo de alzar vuelo. Dios usará gente anónima, que no conoces, para que vivas el propósito que el Señor ha diseñado para tu vida.

Aunque Ezequiel no estaba en su mejor momento, estaba cautivo cerca del río. ¿Quieres ver los cielos abiertos? Mantente cerca del río: «El que cree en mí, como dice la Escritura, de su interior correrán ríos de agua viva» (Juan 7:38).

¿Dónde está el río: en el cielo o en la tierra? ¿Abajo o arriba? El río está abajo en la tierra. Y Ezequiel vio el cielo abierto cuando miraba hacia arriba. Es que todo aquel que está cerca del río, un día tendrá que mirar al cielo.

"NO IMPORTA SI HAY AGUA, DONDE ESTÁ JESÚS, LA MULTIPLICACIÓN ES SEGURA."

El paralítico que estaba sentado en la puerta del templo, estaba acostumbrado a mirar para al suelo, y pedir limosna, hasta que los dos apóstoles se posicionaron y le dijeron: «Míranos», y levantó su cabeza.

Dios prometió muchas cosas. A Abraham le dijo que sería «padre de una gran multitud». Pero luego de una larga espera, Abraham le dijo: «Señor, ¿cuándo será?». Y Dios le respondió: «Cuenta las estrellas, si puedes».

¿Por qué Dios le pide a Abraham que cuente las estrellas? Dios sabía que Abraham no alcanzaría a contar la gran cantidad de estrellas que había en el cielo, Dios no quería saber el número exacto de las estrellas, porque él las llama a cada una por su nombre. Lo que Dios no quería era ver a un hombre lleno de promesas que estuviera mirando hacia abajo.

Camino a su crucifixión, Jesús cargó un madero y luego lo clavaron a esa cruz en el suelo. Le pusieron clavos en las manos y en los pies. Lo crucificaron. A medida que levantaban el madero con una cuerda, la mirada de todos los que estaban mirando al piso se iba levantando hasta mirar al cielo, porque el que mira a Jesús tiene que levantar su cabeza.

Cuando miras al cielo, honras a Aquel que se entregó en esa cruz del Calvario por ti y por mí. Cuando miras al cielo, reconoces que levantas tu cabeza, no porque «tú» puedes, sino porque «Él» puede.

Mira al cielo y di: «Gracias Dios, por abrir los cielos sobre mí». Él quiere que, de ahora en más, levantes tu cabeza. Si has vivido una traición: «De ahora en más, levanta tu cabeza». Si has atravesado un divorcio. Ese no es tu final. Si sufriste una pérdida, Dios te levantará, porque hay vida a pesar de lo que estás enfrentando. Levanta tu cabeza.

Cuando Ezequiel estaba a la orilla del río, Dios le dijo: «Ponte en pie y hablaré contigo». Dios lo levantó. Los años pasaron y Ezequiel estaba sentado en su casa. Entonces el ángel lo tomó por el cabello y lo levantó. No lo tomó de los brazos, de la cintura, sino de los pelos. ¿Cómo te vuelves a sentar después de que Dios te ha levantado? Dios quiere verte de pie, de lo contrario te enviará un ángel para que te levante de los pelos.

Él quiere que levantes tu mirada, que te posiciones. Él no te quiere ver postrado mirando al piso. Tú eres el hijo del Todopoderoso, y no eres vencedor, eres MÁS que vencedor. Dios quiere verte celebrando, porque a Dios le encanta la fiesta y te lo puedo demostrar.

No fue Moisés quien le dijo a Dios: Señor, ¿qué te parece si te hago una fiesta? Fue Dios quien le dijo a Moisés que fuera a ver a Faraón y le dijera: «Deja ir a mi pueblo». Cuando Faraón le preguntó ¿para qué? Moisés respondió: «Haremos una fiesta en el desierto».

"DIOS NO QUIERE QUE ALGUIEN CON TANTAS PROMESAS, MIRE AL PISO."

Dios dijo: «En la cosecha, quiero fiesta. En el Pentecostés, quiero fiesta. En las Primicias, otra fiesta. En el tiempo de los panes sin levadura, otra fiesta. En la fiesta de los tabernáculos, quiero otra fiesta». Jesús comenzó su ministerio en la celebración de una boda. Subiremos al cielo para celebrar una fiesta. Pronto vendrá un cántico nuevo para la Iglesia de Cristo, un tiempo de fiesta, porque el tiempo del llanto, terminó. El tiempo de cantar llegó.

Mira qué curioso. En el texto de Apocalipsis dice: «Vi en el cielo otra señal, grande y admirable: siete ángeles que tenían las siete plagas postreras; porque en ellas se consumaba la ira de Dios.

Vi también como un mar de vidrio mezclado con fuego; y a los que habían alcanzado la victoria sobre la bestia y su imagen, y su marca y el número de su nombre, en pie sobre el mar de vidrio, con las arpas de Dios. <u>Y cantan el cántico de Moisés siervo de Dios, y el cántico del Cordero</u>, diciendo: Grandes y maravillosas son tus obras, Señor Dios Todopoderoso; justos y verdaderos son tus caminos, Rey de los santos» (15:1-3).

> ## "EN LA COSECHA, QUIERO FIESTA. EN EL PENTECOSTÉS, QUIERO FIESTA. EN LAS PRIMICIAS, OTRA FIESTA."

Siempre la tierra canta lo que el cielo canta. Pero Moisés compuso una canción y Dios la puso en boca de los ángeles. ¿Y cuál era el cántico de Moisés? Era el siguiente: «Cantaré yo a Jehová, porque se ha magnificado grandemente; ha echado en el mar al caballo y al jinete» (Éxodo 15:1).

TRES COSAS QUE ABREN LOS CIELOS

1. *Lo primero que abre los cielos, es la obediencia.*
   Jesús dijo: «De cierto, de cierto os digo: De aquí en adelante veréis <u>el cielo abierto</u>, y a los ángeles de Dios que suben y descienden sobre el Hijo del Hombre»

(Juan 1:51). Jesús dijo «de aquí adelante», no dijo «de aquí hacia atrás». Pongamos la lupa en esa parte. La primera vez que el cielo se abrió fue cuando: «Jesús, después que fue bautizado, subió luego del agua; y he aquí los cielos le fueron abiertos, y vio al Espíritu de Dios que descendía como paloma, y venía sobre él. Y hubo una voz de los cielos, que decía: Este es mi Hijo amado, en quien tengo complacencia» (Mateo 3:16-17).

El bautismo en sí no abrió el cielo, porque es para remisión de pecados, y Jesús no tenía pecado, sin embargo, fue bautizado para dejarnos ejemplo, porque la obediencia **abre el cielo.** En el mundo es ABCD. En la Iglesia es OBDC. Si quieres ver el cielo abierto, debes caminar en obediencia.

2. *Lo segundo que abre los cielos, son las piedras o la persecución.*
Continué con mi lupa buscando en qué otra parte de la Biblia se abre el cielo. Y lo encontré.
Esteban estaba siendo apedreado y mientras enfurecidos lo lastimaban, este gran siervo de Dios estaba «lleno del Espíritu Santo, puestos los ojos en el cielo, vio la gloria de Dios, y a Jesús que estaba a la diestra de Dios, y dijo: He aquí, veo los cielos abiertos, y al Hijo del Hombre que está a la diestra de Dios» (Hechos 7:55-56).
Al leer esta historia comprendí que la segunda cosa que abre el cielo son las piedras o la persecución. Cuando alguien te está apedreando, te hará ver el

cielo abierto. No sé quién te está tirando piedras, pero mientras esto ocurra, no mires la cara de quién te está lastimando, mira al cielo y di: «En cualquier momento se abrirá. En cualquier momento se abrirá». Después de la piedra, viene el cielo abierto. Dios te dice que no tienes que esperar que la gente termine de apedrearte para ver los cielos abiertos, Esteban lo vio mientras estaba atravesando el dolor.

3. *Lo tercero que abre los cielos, es la adoración.*
La lectura bíblica relata que el apóstol Pablo, en uno de sus viajes, iba acompañado por Silas. Aunque el orden correcto debería ser que Pablo acompañaba a Silas. Ya que, si Silas iba con él, la gente creería que en verdad Pablo se había convertido, porque los cristianos dudaban de su conversión. Por esa razón, ten cuidado con quién andas, porque al acompañarlo, estás avalando su vida.
Y en el camino ellos se cruzaron con una muchacha que tenía un espíritu de adivinación. Mientras pasaban, ella decía: «Estos hombres son siervos del Dios Altísimo, quienes os anuncian el camino de salvación. Y esto lo hacía por muchos días; mas desagradando a Pablo, este se volvió y dijo al espíritu: Te mando en el nombre de Jesucristo, que salgas de ella. Y salió en aquella misma hora» (Hechos 16:17-18). Pero Pablo sintió que aquel elogio no salió de la tierra, sino del mismo infierno. ¡Ten cuidado, no todos los elogios vienen del cielo! No entiendo cómo hay hombres que elogian a las mujeres ajenas y no a su

propia mujer. ¡Ten cuidado! Hay elogios que vienen sazonados por el infierno.

Pablo se dio cuenta de que aquel elogio venía del infierno, y reprendió el espíritu que estaba en ella, y la joven fue libre. Como resultado, por haberla liberado, lo llevaron a la cárcel. Y aquí entras tú en la historia, ya que dice: «Después de haberles azotado mucho, los echaron en la cárcel, mandando al carcelero que los guardase con seguridad. El cual, recibido este mandato, los metió en el calabozo de más adentro, y les aseguró los pies en el cepo» (Hechos 16:23-24).

Pablo estaba herido, lastimado y atado. Y Silas también, por andar con él. Si no estás dispuesto a recibir los golpes que yo recibo, no camines conmigo. Si no estás dispuesto a recibir las críticas que yo recibo, no camines conmigo. Pero si quieres ver el cielo abierto dentro de los próximos meses, guarda esta palabra en tu corazón.

Mientras estaban en la cárcel, Pablo miró a Silas y le dijo: «¿Y si cantamos? ¿Y si convertimos nuestro dolor en una alabanza?». Ese día nació el dúo de Pablo y Silas. Algo comenzó a pasar mientras ellos cantaban: «Pero a medianoche, orando Pablo y Silas, cantaban himnos a Dios; y los presos los oían. Entonces sobrevino de repente un gran terremoto, de tal manera que los cimientos de la cárcel se sacudían; y al instante se abrieron todas las puertas, y las cadenas de todos se soltaron» (Hechos 16:25-26).

Pablo dijo: «Silas, las puertas están abiertas. Ya no estoy más atado, estoy libre». Si las puertas de la Tierra fueron abiertas, fue porque primero el cielo se abrió. <u>La adoración es lo tercero que abre el cielo.</u>
Por lo tanto, la obediencia, la persecución y la adoración son las circunstancias perfectas que permiten que los cielos sean abiertos.

¿DÓNDE ESTÁ TU LLAVE?

Si regresamos a la historia, el carcelero dijo: «Desde hace muchos años soy carcelero en esta cárcel. Todas las llaves que abren las puertas están guardadas en mi cintura. ¿Cómo puede ser que tus puertas fueron abiertas, si la llave la tengo conmigo?». Entonces Pablo le dijo: «Yo te explico. Tú traes la llave en tu cintura, pero yo la traigo en mi voz, en mi garganta, en mi alabanza».

Tu llave está en la alabanza. Es por eso por lo que el enemigo no quiere que adores. Él sabe que, si la alabanza entra en tu casa, el cielo se abrirá. Lleva la alabanza a tu trabajo, a tu automóvil, a tu vida cotidiana, y verás que cuando adoras a Dios, los cielos se abren.

Luego de este terremoto espiritual y natural, algo ocurrió: «Él (el carcelero) entonces, pidiendo luz, se precipitó adentro, y temblando, se postró a los pies de Pablo y de Silas; y sacándolos, les dijo: Señores, ¿qué debo hacer para ser salvo? Ellos dijeron: Cree en el Señor Jesucristo, y serás salvo, tú y tu casa. Y le hablaron la palabra del Señor a él y a todos los que estaban en su casa. Y él, tomándolos en aquella misma hora de la noche, les lavó las heridas; y en seguida se bautizó él con todos los suyos. Y llevándolos a su casa, les puso la mesa; y se regocijó con toda su casa de haber creído a Dios» ((Hechos 16:29-34).

El carcelero temblando, dijo: «¿Qué tengo que hacer para tener lo que tú tienes?» Aquí nace el versículo que todo creyente conoce: «Cree en el Señor Jesucristo y serás salvo, tú y tu casa». El hombre que había golpeado y azotado a Pablo y a Silas, los llevó a su casa y les lavó las heridas.

> **"PRONTO VENDRÁ UN CÁNTICO NUEVO PARA LA IGLESIA DE CRISTO, UN TIEMPO DE FIESTA, PORQUE EL TIEMPO DEL LLANTO, TERMINÓ."**

¿Te animas a caminar con alguien que te ofendió? ¿Te animas a caminar con alguien que te hizo sangrar, que te lastimó? No siempre Dios va a destruir a tus enemigos, a veces los pondrá dentro de su casa.

PROFETIZO SOBRE TU VIDA

Los mismos que te lastimaron, te servirán, para la Gloria de Dios. Los mismos que te golpearon, limpiarán tus heridas y prepararán la mesa. Porque la Palabra dice: «Aderezas mesa delante de mí en presencia de mis angustiadores» (Salmo 23:5).

A partir de este momento queda inaugurada una temporada de cielos abiertos sobre tu vida. Levanta tu mano y di: «De aquí en adelante, veré los cielos abiertos». Porque solo aquel que vuela, puede cruzar los cielos abiertos, aún con los pies en la tierra.

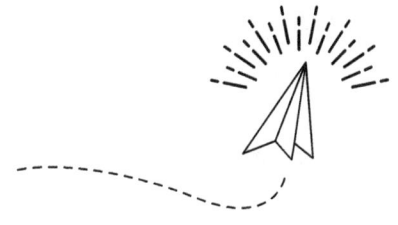

CAPÍTULO 6

CONECTADOS CON SU GLORIA

Cosas sobrenaturales están ocurriendo y continuarán pasando alrededor del mundo. La normalidad con la cual solíamos vivir ya no volverá. Hemos comenzado a transitar los pasos de lo sobrenatural.

Cuando comienzan a suceder cosas que no son normales a nuestro alrededor, significa que el mundo espiritual se prepara para lo que Dios está por soltar, que tampoco será normal. Vivimos en una dimensión de fe en la que suceden cosas sobrenaturales.

UN ENCUENTRO CON SU GLORIA

«Apacentando Moisés las ovejas de Jetro su suegro, sacerdote de Madián, llevó las ovejas a través del desierto, y llegó hasta Horeb, monte de Dios. (…) Y dijo: No te acerques; quita tu calzado de tus pies, porque el lugar en que tú estás, tierra santa es» (Éxodo 3:1,5).

Moisés cuidaba las ovejas de su suegro, Jetro, sacerdote de Madián, y las llevaba al Monte de Horeb, que era el Monte de Dios. Lo único que Moisés poseía era un par de sandalias. Cuando llegó al Monte, Dios le dijo: «Quita tu calzado de tus pies, porque el lugar en que tú estás, tierra santa es».

> **"COSAS SOBRENATURALES ESTÁN OCURRIENDO Y CONTINUARÁN PASANDO ALREDEDOR DEL MUNDO."**

Cuando se trata de la gloria, nada es mío, todo es de Dios. Cuando se trata de encontrarse con la gloria de Dios, las ovejas no son tuyas, el monte no es tuyo. Lo único que tú tienes es un par de sandalias, y además pide que te las quites. Porque cuando se trata de la gloria, nada de lo natural funciona.

Si quieres tener un encuentro con la gloria, la primera enseñanza que debes recibir es la siguiente: «Nada es tuyo. Todo es de

Dios». Hay gente que se llena la boca hablando de su «ministerio». Si el término fuera «macros-terio» quizás sería más importante, pero dice: «Tengo un minis-terio». Debería decir: «Es algo pequeño que Dios me entregó», y de esa manera estarías quitándote las sandalias de tus pies. Porque nada es tuyo, todo es de la gloria de Dios. Te animo a depositar en las manos de Dios lo poco o mucho que tengas e ingresarás a un verdadero tiempo de encuentro con Su gloria. Cuando vives ese encuentro, una gran transformación sucede, tu vida tendrá un antes y un después.

LA GLORIA SOLO DESCIENDE EN EL MEDIO

«Entonces Moisés dijo: Iré yo ahora y veré esta grande visión, por qué causa la zarza no se quema. Viendo Jehová que él iba a ver, lo llamó Dios de en medio de la zarza, y dijo: ¡Moisés, Moisés! Y él respondió: Heme aquí» (vv.3-4).

La Gloria de Dios descendió en el medio de la zarza. No fue a la orilla ni a un costado. Se manifestó en el medio, en el centro. Porque Dios siempre está en el centro, de lo contrario no estaría allí. El mismo Jesús no fue crucificado a la derecha ni a la izquierda, sino en el medio.

En el libro de Apocalipsis, el apóstol Juan vio al Hijo de hombre que caminaba en el medio: «y en medio de los siete candeleros, a uno semejante al Hijo del Hombre, vestido de una ropa que llegaba hasta los pies, y ceñido por el pecho con un cinto de oro» (1:13).

La Biblia también dice que cuando Jesús murió, el velo del templo se partió al medio dividiéndolo en dos: «Y he aquí, el velo del templo se rasgó en dos, de arriba abajo; y la tierra tembló, y las rocas se partieron» (Mateo 27:51).

Curiosamente, para atraer la Presencia de Dios, Él no habita en el principio ni en el final. La Palabra dice: «Pero tú eres santo, Tú que habitas en el medio de las alabanzas de Israel» (Salmo 22:3).

Tendrás que sacar de tu vida aquello que ocupa tu centro, y volver a poner a Dios en ese lugar. Él no puede derramar de Su gloria donde no es el centro, recién entonces los milagros sucederán.

"CUANDO SE TRATA DE LA GLORIA, NADA ES TUYO, TODO ES DE DIOS."

Jesús quería sanar a un hombre que tenía la mano seca. Entonces, le dijo: «Levántate y ponte en medio» (Marcos 3:3). Para que el milagro fluyera, el enfermo debía salir del rincón y situarse en el medio del lugar.

Cuando los discípulos estaban atravesando una tormenta, Jesús se acercó a la barca donde estaban los discípulos, caminando en medio de ella.

Con todos estos ejemplos intento demostrarte que, si Dios es el centro de tu vida, esto transcurrirá en medio de lo sobrenatural. La zarza arderá porque el fuego caerá en medio de ella.

Moisés siempre caminó por el monte, allí llevaba sus ovejas. Ya conocía el lugar que para él era un lugar común hasta que Dios decidió descender con Su Gloria. Tu vida será igual hasta que la gloria de Dios descienda. Tus finanzas permanecerán iguales hasta el día que la gloria de Dios descienda. Tu ministerio permanecerá igual hasta que la gloria de Dios descienda. Por donde Jesús pasa, ese sitio nunca más será igual. Tu vida no será igual. Tu ministerio no será igual. Porque, donde la gloria de Dios desciende, donde Su espíritu pasa, lo que era normal, dejará de serlo.

Sabemos que la gloria de Dios descendió en medio de la zarza. Sin embargo, en Israel hay maravillosos árboles de roble y de cedro, que son maderas nobles. La zarza es una planta ordinaria, simple, sencilla. Dios hubiera podido derramar Su gloria sobre el roble, y Moisés hubiera dicho: «Mira qué bonito roble. Y la gloria también». Pero, Dios decidió derramar Su gloria sobre una madera sencilla, donde nadie puede decir nada acerca de ella, solo maravillarse de la gloria que la hacía arder.

Curiosamente, la zarza es la única planta que no sirve para nada, porque se desarma fácilmente. No se puede utilizar para construir una mesa, ya que se desmontaría. Aun los ídolos que se tallaban en aquella época se hacían de diferentes tipos de maderas, pero nunca de zarza. Lo extraordinario es que Dios utiliza lo ordinario para manifestar Su Gloria. Jamás Dios derramará de Su Gloria sobre algo o alguien que le quitaría su lugar. La zarza es un simple arbusto espinoso, que solo la gloria de Dios lo hizo bello. Jamás te confundas. No se trata de ti sino del Dios que habita en ti.

CONECTAR EL CIELO CON LA TIERRA

Dios ha creado cada cosa dentro de su ámbito específico y en su adecuada dimensión. En el libro de Génesis percibimos el diseño de Dios para este tiempo. En el principio Dios creó los cielos (arriba) y la tierra (abajo). Las estrellas (arriba) y los animales y plantas (abajo), luego los peces del mar (abajo).

Cuando Dios crea, lo hace en un orden. Es por eso que, la dimensión de las estrellas es el cielo. Si una estrella cayera del cielo, se desintegraría en el camino. Si saco un pez del agua, se muere. Dios creó todo en diferentes dimensiones: arriba y abajo.

Piensa conmigo: El hombre, ¿a qué dimensión pertenece? Dios hizo un muñeco de barro en la dimensión de la tierra (abajo). Pero luego sopló aliento de vida, que pertenece a la dimensión del cielo (arriba). El ser humano es el único ser creado que tiene una parte de la dimensión del cielo y otra parte de la dimensión de la tierra. Por eso, Jesús dijo: «De cierto os digo que todo lo que atéis en la tierra, será atado en el cielo; y todo lo que desatéis en la tierra, será desatado en el cielo que la tierra» (Mateo 18:18).

Permíteme preguntarte: «¿Quién es el único ser viviente que puede conectar el cielo con la tierra?» Tú y yo, nadie más. Si logras entender esta gran revelación, debes decir: «Ahora me toca a mí».

Cuando buscas a Dios y lo ubicas en el centro de tu vida, descubres que la palabra GLORIA está sobre ti, porque Él te sacó del pecado y te llenó de Su gloria. Hay algo de Dios en ti. Hay algo del cielo en ti. Y Dios se glorificará a través de tu vida.

Llegó el momento en el que debes percibir que Dios te sacó de la adicción, de la criminalidad, de la enfermedad, de la depresión, de la tristeza y descendió con Su gloria sobre ti.

Dice la Biblia, que ahora viene la etapa postrera, cuando la gloria será mucho mayor que la primera. Él te separó para ubicarte en el lugar donde te encuentras. Porque la gracia, el favor y la gloria de Dios te abrazó, y cuando Él abraza, el infierno no lo puede detener.

El hombre es el único ser que puede conectar el cielo con la tierra, por la alianza que Dios hizo con él.

Dios hizo una alianza con Noé, y como símbolo de ese pacto colocó en el cielo un arco. En verdad, una alianza representa un círculo perfecto. Sin embargo, este pacto solo tiene la mitad del arco. ¿Por qué? Porque una alianza es completa únicamente si los dos que conforman el pacto forman parte de ella y cada uno cumple su parte.

Cuando vemos el arcoíris cruzar el cielo, recordamos que Dios ha cumplido con el pacto establecido con el hombre. Y al mismo tiempo nos recuerda que: «Ahora nosotros debemos cumplir con la otra parte del pacto para que la alianza se complete».

El pacto que Dios hizo con Noé establecía que jamás destruiría la tierra con agua. Y aunque hoy en día Noé ya no está, tú y yo continuamos viendo el arcoíris. Si Dios es fiel para continuar perpetuando el pacto realizado con alguien que ya está muerto, cuánto más con alguien que está vivo. La alianza que Dios hizo contigo, nadie la destruirá. El Señor te recuerda el pacto que hizo contigo al decirte: «Yo no me olvido de los míos. Y por cuanto fuiste fiel en tu compromiso. Haré que mi alianza permanezca sobre tu vida y tu familia».

CUANDO DIOS REVELA LO QUE HAY EN TUS MANOS

Cuando Dios llamó a Moisés desde aquella zarza para que liberara al pueblo de Israel, curiosamente Moisés estaba en el Monte Sinaí, una península de Egipto, pastoreando a sus ovejas. Al escuchar la voz que salía de la zarza, el temor y la incredulidad invadieron a Moisés. ¿Por qué creería que era Dios quien lo estaba enviando? Entonces Dios le preguntó:

—¿Qué es eso que tienes en tu mano?
—Una vara —respondió Moisés.
—Échala en tierra, —le ordenó Dios.

En una montaña, una vara sirve para dos cosas: es un punto de apoyo donde la persona se afirma para subir al monte. Y segundo, es un elemento de defensa si se acerca un escorpión o una culebra.

Entonces Dios le pidió a Moisés que tirara la vara al suelo. ¿Qué le estaba pidiendo en realidad? Quería que Moisés quedara vulnerable. Ya no se podría apoyar en la vara que lo sostenía. Por lo tanto, si ya no tenía un sostén en su mano, ¿en quién se iba a apoyar? Desde ese momento, Dios sería su defensor.

Moisés obedeció al pedido de Dios. Tiró la vara, y esta se convirtió en una culebra. Confiamos en personas que se creen importantes, pero cuando sienten que las abandonamos, se transforman en serpientes que te quieren atacar. Seguramente hay personas que estaban cerca de ti, que de pronto se convirtieron en serpientes preparadas para atacarte. Pero, el Señor te demostrará que Él es el Dios de tu vida.

La Palabra relata que cuando la vara se convirtió en culebra, Moisés quiso huir de ella, pero Dios le dijo que extendiera su mano y la tomara por la cola. Toda persona que entiende de animales venenosos sabe que las serpientes se deben tomar por la cabeza, nunca por la cola, ya que tienen grandes posibilidades de morderte y envenenarte. Pero el pedido de Dios solo confirmaba: «Moisés, en el lugar donde YO estoy, soy cabeza». Moisés tomó a la serpiente por la cola e inmediatamente se volvió a convertir en vara.

¿Qué sucedería si Dios pone en tu camino a la persona que te traicionó para que caminen juntos? Hay personas que fueron engañadas, traicionadas, pero Dios dice: «Cambiará otra vez, y de serpiente se transformará en una vara».

Recuerda siempre la historia de aquel hombre que descendía de un camino y le robaron. Le quitaron todo lo que tenía y lo dejaron herido al costado del camino, lastimado. Luego, en la historia aparece otro hombre que lo levantó, lo sanó y lo restauró. Y además dijo: «Si gasta algo, ponlo en mi cuenta, yo lo pagaré».

Una persona lo lastimó, y otra lo sanó. Una persona le quitó todo, y otra lo rescató. Una persona lo dejó tirado en el suelo, y otra lo levantó. Nunca hay que desistir de las personas, aunque no te entiendan. Hay algunas que hieren, y otras que sanan. Hay personas que quitan, y personas que dan.

La historia continúa diciendo: «Habló Jehová a Moisés y a Aarón, diciendo: Si Faraón os respondiere diciendo: Mostrad milagro; dirás a Aarón: Toma tu vara, y échala delante de Faraón, para que se haga culebra. Vinieron, pues, Moisés y Aarón a Faraón, e hicieron como Jehová lo había mandado. Y echó Aarón su vara delante de Faraón y de sus siervos, y se hizo culebra. Entonces llamó también Faraón sabios y hechiceros, e hicieron también lo mismo los hechiceros de Egipto con sus encantamientos; pues echó cada uno su vara, las cuales se volvieron culebras; mas la vara de Aarón devoró las varas de ellos» (Éxodo 7:8-12).

La serpiente de la vara de Aarón se tragó las culebras de los hechiceros de Faraón. Hay personas que te traicionaron y te causaron problemas, pero Dios las volverá a convertir en vara y las usarás para destruir las obras de Faraón, las obras del enemigo.

JAMÁS GOLPEES LO QUE UN DÍA TE BENDIJO

Moisés caminó con esa vara durante toda su vida. Cierto día, en medio del desierto, el pueblo se contrarió con Moisés porque tenían sed, y murmuraron contra él. Entonces Moisés fue a orar y Dios le dio determinadas instrucciones: «Toma la vara, y reúne la congregación, tú y Aarón tu hermano, y hablad a la peña a vista de ellos; y ella dará su agua, y les sacarás aguas de la peña, y darás de beber a la congregación y a sus bestias. Entonces Moisés tomó la vara de delante de Jehová, como él le mandó» (Números 20:7-9).

Dios le dijo que le hablara a la roca. Pero Moisés la golpeó. Entonces Dios le dijo: «Por cuanto no creísteis en mí, para santificarme delante de los hijos de Israel, por tanto, no meteréis esta congregación en la tierra que les he dado» (v.12).

Moisés y su gente no entrarían a la tierra prometida. Fue una consecuencia muy importante por algo sencillo. La roca no siente dolor, no se ofende, no se lastima, entonces, ¿por qué Dios no les permitió entrar en la Tierra prometida solo por haber golpeado una piedra? Evidentemente, Dios quería enseñarles un principio.

La roca le había dado agua en el desierto, lo cual es una bendición. La enseñanza que Dios quería darle a Moisés era que «jamás debía golpear aquello que alguna vez lo había bendecido».

Nunca golpees lo que un día te bendijo. Si alguna vez un ministerio te bendijo, no lo golpees hablando mal de él. Si algún día, alguien te fue de bendición, no lo critiques. Jamás golpees lo que un día te bendijo.

A causa de la gracia que Dios te ha dado, mucha gente intentará golpear y matar la unción que Dios ha derramado en ti. Pero esta palabra quedará grabada en tu vida. Nunca la olvidarás. La llevarás contigo para siempre. Porque, aquel que comenzó la buena obra en ti, es fiel para completarla. Un día, Dios te llamó por tu nombre, y desde ese momento, tu vida nunca más fue igual.

PROFETIZO SOBRE TU VIDA

Lo que Dios hará en tu vida, no será normal. Lo que Dios hará en tu matrimonio, no será normal. Lo que Dios hará en tus finanzas, no será normal. Lo que Dios hará en tu ministerio, no será normal. Hay quienes dicen: «Lo que estoy viviendo en mi economía en estos meses, no es normal». Lo sobrenatural comenzará a transformar todo a tu alrededor, y aún aquellos que fueron tus enemigos, que te traicionaron, comenzarán a caminar contigo. Esos que alguna vez se convirtieron en culebras, volverán a ser una vara de apoyo para tu vida.

CAPÍTULO 7

TU UNCIÓN NO ESTÁ A LA VENTA

Al final de una reunión en la ciudad de Kansas, se me acercó una mujer y me dijo: «Hace mucho tiempo, era cristiana, pero hace ocho años me casé con un hombre musulmán, y por él, abracé el Islam. Desde ese día empecé a morir poco a poco. Hace dos años llegamos a los Estados Unidos huyendo de la opresión.

Una mañana estaba muy abrumada y recordé que en YouTube había canciones de adoración. Al encenderlo encontré un Congreso que se estaba transmitiendo en directo y usted era quien estaba predicando. Me detuve allí, y a escondidas de mi esposo, pude mirarlo. Cuando él se dio cuenta, me quitó el teléfono. Pero dentro de mí había cierta desesperación por oír lo que usted decía, y sin que se diera cuenta, conseguí otro teléfono y continué mirando. Ese día entregué mi corazón a Jesús. Al finalizar la reunión se lo conté a mi esposo y se enojó mucho. Desde ese momento, comenzó a insultarme y a maltratarme todos los días. Luego me dijo que, si en verdad lo amaba, tenía que dejar a Cristo. Aunque realmente amo a mi esposo, y Dios lo sabe, le respondí que no iba a dejar a Jesús. Él se fue de mi casa amenazándome. Pero yo decidí amar más a Jesús que a él. Hoy vine a la iglesia a entregar en este altar a mi Isaac. Sé que Dios tomará el control de mi vida».

Luego de escuchar su relato, inmediatamente oré por ella diciendo: «Declaro que, así como has ofrecido tu Isaac, que es lo que más amas, Dios te lo devolverá al igual que lo hizo con Abraham. Profetizo que tu matrimonio será restaurado. Dios te trajo a Su Presencia para llenarte de Su gracia y de Su favor. Sé que él también servirá a Dios a la par contigo. La restauración llegará a tu casa».

Estamos viviendo tiempos especiales donde veremos a los musulmanes y a los judíos aceptar a Cristo como el Mesías, y estas serán señales de lo que habrá de venir.

«Y estando él sentado en el monte de los Olivos, los discípulos se le acercaron aparte, diciendo: Dinos, ¿cuándo serán estas cosas, y qué señal habrá de tu venida, y del fin del siglo? Respondiendo Jesús, les dijo: Mirad que nadie os engañe. Porque vendrán muchos en mi nombre, diciendo: Yo soy el Cristo; y a muchos engañarán. Y oiréis de guerras y rumores de guerras; mirad que no os turbéis, porque es necesario que todo esto acontezca; pero aún no es el fin. Porque se levantará nación contra nación, y reino contra reino; y habrá pestes, y hambres, y terremotos en diferentes lugares. Y todo esto será principio de dolores. Entonces os entregarán a tribulación, y os matarán, y seréis aborrecidos de todas las gentes por causa de mi nombre. Muchos tropezarán entonces, y se entregarán unos a otros, y unos a otros se aborrecerán. Y muchos falsos profetas se levantarán, y engañarán a muchos; y por haberse multiplicado la maldad, el amor de muchos se enfriará. Mas el que persevere hasta el fin, este será salvo. Y será predicado este evangelio del reino en todo el mundo, para testimonio a todas las naciones; y entonces vendrá el fin» (Mateo 24:3-14).

En este párrafo encontramos una serie escatológica acerca de los principios del fin. Habrá rumores de guerra, pestilencia y hambre; y el amor de muchos se enfriaría. Ahí está la postpandemia para demostrarlo, ya que cientos de iglesias no volvieron a ser las mismas. En el libro de Apocalipsis hay muchos mensajes acerca del fin. También Daniel habla acerca de las setenta semanas. Pero para los últimos días no solo hay profecías malas, también hay buenas.

Un profeta menor dijo: «Y después de esto derramaré mi Espíritu sobre toda carne, y profetizarán vuestros hijos y vuestras hijas; vuestros ancianos soñarán sueños, y vuestros jóvenes verán visiones» (Joel 2:28).

Cuando el profeta Joel vio los tiempos de hoy, envió un mensaje acerca de lo que sucederá con nuestros hijos. Él no dijo que en los últimos días estarían perdidos en las adicciones, los vicios… sino que, «en los postreros días vuestros hijos profetizarán».

Luego de leer esta frase, repite en voz alta: «En mi casa hay profeta». Porque, aunque en tu realidad, en tu casa, las cosas están mal, la Palabra dice que el que es sabio «llama a las cosas que no son, como si fuesen» (Romanos 4:17).

Madre, si tu hijo te dijo: «No quiero ir más a la iglesia». Repite nuevamente estas palabras: «En mi casa hay profeta». En tu casa no hay delincuente, mentiroso ni adicto. En tu casa hay profeta.

PREPARA TU ACEITE

Luego de salir del templo, Jesús comenzó a hablarle a sus discípulos acerca de las señales antes del fin y el regreso del Hijo del hombre. Y continuó ilustrando su enseñanza con una parábola sobre las diez vírgenes, que representaban a la Iglesia, la Novia, a la espera de la llegada del Novio, el regreso de Jesús.

Estas diez vírgenes estaban en el mismo sitio, vestidas iguales y esperando al esposo. No había diferencia externa entre ellas. Pero en medio del relato, Jesús destacó algo importante acerca de algunas características internas de estas vírgenes. La Palabra dice que cinco de ellas eran prudentes y las otras cinco, insensatas. Ellas evidenciaban las características del ser humano: la prudencia y la insensatez.

La prudencia está representada por la sensatez y por el discernimiento. En cambio, la insensatez se destaca por la imprudencia y la irresponsabilidad. Evidentemente, en el diario vivir encontramos personas que tienen una de las dos características, y estas se manifiestan en su familia, su trabajo y su ministerio.

El relato continúa diciendo que las insensatas habían tomado las lámparas que alumbrarían la espera, pero no llevaron una porción extra de aceite para preventivamente no quedarse a oscuras durante la espera. Sin embargo, las prudentes tomaron aceite en sus vasijas, juntamente con sus lámparas.

Como el esposo retrasó su llegada, las diez vírgenes se quedaron dormidas. De pronto, a la medianoche, se escucharon gritos que anunciaban la llegada del esposo. Todas aquellas vírgenes se levantaron, y comenzaron a arreglar sus lámparas. Las insensatas le pidieron aceite a las prudentes, porque sus lámparas se apagaban. Pero las prudentes no querían que les faltase a ellas. Así que les dijeron que vayan a comprar. Mientras ellas fueron a comprar, llegó el esposo; y las que estaban preparadas entraron a las bodas con Él, y luego, la puerta se cerró.

Cuando las vírgenes insensatas regresaron, por más que golpeaban la puerta, no se abrió y el esposo respondió diciendo: «De cierto os digo, que no os conozco. Velad, pues, porque no sabéis el día ni la hora en que el Hijo del Hombre ha de venir» (Mateo 25:13).

Las diez vírgenes representan a la Iglesia. A cinco de ellas se les estaban apagando sus lámparas. Las otras cinco tenían aceite extra. El aceite representa la unción. En los últimos días habrá cristianos que querrán comprar la unción, y otros que querrán venderla. Pero, tanto el que compre como el que venda, se quedarán. Porque la unción nunca está a la venta. Tu unción no se negocia.

Desde hace algunos años me invitan a predicar a diferentes países, y algunos de los organizadores me preguntan cuánto cobro, y siempre les respondo: «Respéteme. Mi unción no está a la venta, porque no tiene precio». Los requisitos que tengo para aceptar una invitación son los mismos que tenía el apóstol Pablo. Cuando lo invitaban a predicar a un lugar, preguntaba:

—¿Cómo es la habitación? —preguntaba.
—Es el cuarto de una cárcel —respondían.
—Muy bien, acepto.
—¿Y la paga?
—Le daremos 40 azotes.
—También acepto.

La diferencia es que los que exigen mucho hoy, cantan y predican, pero nada sucede. Sin embargo, Pablo, que no exigía nada, cuando comenzaba a hablar, la cárcel se abría, los presos eran liberados, y había una gran manifestación del Espíritu en ese lugar. Recuerda: ¡Tu unción no está a la venta!

Al reflexionar sobre la parábola de las diez vírgenes le pregunté al Señor: «Si a una persona se le está apagando su lámpara, se está quedando sin aceite, debería recibir ayuda para que pueda tener el combustible que necesita para encenderla».

Y el Señor me respondió: «¿Sabes la razón del porqué las vírgenes que tenían aceite extra, no les dieron a las vírgenes insensatas?

Porque las que tenían aceite extra habían soportado un peso extra durante la espera. También habían pagado más precio, porque se preocupaban por el futuro. En cambio, las insensatas querían tener el mismo resultado que las otras, sin haber pagado el precio».

MI UNCIÓN NO ESTÁ A LA VENTA, PORQUE NO TIENE PRECIO

Hay personas que quieren lo que tú tienes, pero no están dispuestas a pagar el precio que tú has pagado. La gente que cocina sabe en cuánto tiempo se prepara un buen arroz. Puede ser unos 15 o 20 minutos. Pero ¿cuánto tiempo tardaría si lo cocinara en una olla de presión? Aproximadamente 10 minutos. Ese mismo arroz que tardaría 20 minutos cocinándose en una olla común, en una olla de presión tardaría la mitad de tiempo.

El que sabe manejar la presión, vive las cosas acelerada y anticipadamente. Esa presión acelerará tu bendición. Sin embargo, no todos saben manejar una olla de presión, porque si dentro hay arroz, pero le falta agua, la olla explotará. La gente seca explota rápidamente. ¿Conoces personas que ante la presión reaccionan negativamente con facilidad? Eso indica que dentro de ellas están secas. Las personas que están cargadas de unción interna, aunque su cabeza trabaje, no presionan con mucha facilidad. Donde no hay Presencia ni unción, todo se apaga, se muere. Pero donde hay Presencia, hay vida y vida en abundancia.

AMIGOS ROMPE TECHOS

En la Biblia encontramos diferentes relatos acerca de los dos paralíticos. Ninguno caminaba. Uno de ellos esperó 38 años para que alguien lo ayudara a acercase al agua, y así poder ser sano. En cambio, el otro tenía cuatro amigos que caminaron por él y lo llevaron hacia Jesús, el sanador.

Rodéate de gente que puede hacer por ti lo que tú no puedes hacer solo. Rodéate de amigos que se unan a tu favor, que rompan techos y que abran caminos para que tú recibas el milagro.

Muchos creen que ser sabio es lo mismo que ser inteligente, y no lo es. La gran diferencia es que: una persona inteligente logra salir del pozo de donde un sabio jamás va a caer.

Dios te rodeará de personas sabias que no solo te ayudarán a resolver problemas, sino que evitarán que esos problemas lleguen a ti. Dios te dará revelación al leer la Palabra y recibirás lo que otro no recibió. Predicarás como nunca lo has hecho. Fluirás en el poder de Dios y ministrarás como nunca. Quienes me conocen saben que no puedo estar en un lugar si no predico la Palabra, porque mi principal misión es hablar acerca de la Biblia.

En una oportunidad, alguien me invitó a un Congreso, pero «únicamente para que profetice». Entonces le respondí: «Pastor, mejor invite a otro, porque yo no soy de esos». Cuando me invitan a una actividad, siempre llevo una palabra para predicar, y si Dios me da algún mensaje profético para alguien, lo suelto y se lo digo. Pero ser profeta tiene algo bueno y algo malo. Lo bueno es que Dios puede usarme. Lo malo es que yo no puedo usar a Dios.

EL INFIERNO TE TIENE MIEDO

Había un hombre que estaba endemoniado, atado con cadenas y desnudo. De pronto se acercó Jesús, echó fuera al demonio, y ese hombre que estaba desnudo, fue libre. Entonces Jesús lo vistió, y el hombre estaba sentado, en su juicio cabal y vestido. Me llamó la atención que la Biblia dice que cuando lo vieron sentado y tranquilo, le tuvieron miedo. ¿Por qué no le tuvieron miedo cuando estaba desnudo, rompiendo cadenas, gritando y dando voces? ¿Por qué recién se atemorizaron cuando estaba en su sano juicio, sentado, vestido y hablando normalmente? La respuesta es: La gente no le teme a un loco desquiciado, sino a alguien que tuvo un encuentro verdadero con Jesús. Cuando recibes la libertad y la gracia de Dios para caminar en libertad, harás temblar de miedo a mucha gente. Por esa razón el enemigo te ataca tanto. Cuando recibes esos ataques, hay dos mensajes que te está dando: El primero es: te odio. El segundo es: te tengo miedo.

Decide despertarte en este día con valentía, coraje y osadía. Recuerda que naciste para cosas grandes, no para cosas pequeñas. Si quieres alcanzar todo lo grande que Dios tiene para ti, debes entender que recibirás muchos ataques.

Por lo general, la gente te quiere ver bien, pero nunca mejor que ellos. Pero tómate de esta situación y camina creyendo que si te están atacando es porque te tienen miedo. Si te están atacando, es porque descubrieron en ti algo bueno y fuerte que estás por vivir.

"RECUERDA QUE NACISTE PARA COSAS GRANDES, NO PARA COSAS PEQUEÑAS."

José soñó y sus hermanos lo aborrecieron a causa de sus sueños. Y cuando José hablaba de su sueño, sus hermanos le preguntaban: «¿Reinarás sobre nosotros?». José nunca había dicho la interpretación del sueño, solo dijo: Tuve un sueño. Pero sus hermanos le dieron la interpretación.

Tu misión es soñar. Que los demás descifren el sueño e interpreten lo que Dios ha puesto en tu corazón. Hoy es el día para creer, levantarse y avanzar. ¿Cómo puede ser que estés dudando de ti cuando el infierno te tiene miedo?

PROFETIZO SOBRE TU VIDA

Nadie apagará lo que Dios incendió en ti. Tendrás un encuentro tan poderoso con Dios que el infierno temblará de miedo. Una fresca unción será derramada sobre tu vida y hablarás con autoridad y con fe. Dios confirmará cada palabra que salga de tu boca. No caminarás con miedo, sino que tú darás miedo, porque no serás de los que retroceden para la perdición, sino de los que avanzan para volar.

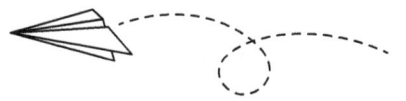

CAPÍTULO 8

UNA TRANSICIÓN CULTURAL Y GENERACIONAL

En una ocasión, tuve la bendición de predicar junto al evangelista Reinhard Bonnke, un tremendo hombre de Dios que hace algunos años partió con el Señor. La campaña era multitudinaria. Nunca había visto tanta gente junta en toda mi vida.

De regreso a mi casa, asombrado por todo lo que había vivido y los milagros que habían ocurrido mientras estaba predicando, le dije a mi esposa:

—Fue tremendo lo que he vivido en aquel país y cómo Dios me ha usado. ¿Te diste cuenta con quién te has casado?
—Ronny, ven —me dijo mi esposa mientras me miraba—, enséñame tus manos.

—Claro, mira —respondí.

Seguramente estaban algo sucias o manchadas por el bolígrafo. Le mostré mis manos y las observaba detenidamente, buscando algo. Entonces le pregunté:

—¿Qué buscas?
—Busco la marca de los clavos —me respondió con autoridad—. Mírate al espejo. ¿Puedes ver las marcas de la corona de espinas? —agregó.
—No, no tengo ninguna marca —respondí avergonzado.
—Cada vez que te sientas tentado a recibir la gloria, mírate la mano y recuerda: los clavos no fueron para tus manos, la corona de espinas no fue para tu cabeza, fue para Jesús. Recuerda que tú no moriste por nadie. La gloria jamás será tuya, siempre será de Él. Nosotros solo somos instrumentos en las manos del Maestro para pasar la antorcha a las próximas generaciones y a diferentes culturas.

DOS GENERACIONES

En estos tiempos, Dios me está hablando mucho acerca de una transición entre generaciones. También sucedió en el tiempo de Moisés y Josué. La generación de Moisés cruzó mares que conectaban con el desierto. La generación de Josué cruzó ríos que conectaban con la tierra prometida.

La generación de Moisés vivió milagros. Puso a un bebé en un canasto sobre las aguas, y este sobrevivió. La generación de Moisés fue por el desierto y el maná caía del cielo cada día. Su ropa no se ponía vieja. Cuando en el desierto pedían carne, la recibían. Lo que ellos anhelaban, Dios se los daba. La bendición caía en sus manos. Ellos abrían la ventana, ponían el canasto y el maná descendía.

Pero durante la generación de Josué, el maná se cortó. Se acabaron las codornices. Y cambiaron el canasto por una espada. Había que luchar por lo que Dios había dicho.

La generación que hoy se está levantando no está conforme y va a pelear por lo que Dios ya habló.

"LA GLORIA JAMÁS SERÁ TUYA, SIEMPRE SERÁ DE ÉL."

¿Hasta cuándo estarás sentado esperando que todo suceda? Es hora de que tomes la espada y salgas a conquistar lo que Dios ya te dio. A tomar lo que Dios ya te prometió.

«Acab dio a Jezabel la nueva de todo lo que Elías había hecho, y de cómo había matado a espada a todos los profetas. Entonces envió Jezabel a Elías un mensajero, diciendo: Así me hagan los dioses, y aun me añadan, si mañana a estas horas yo no he puesto tu persona como la de uno de ellos. Viendo, pues, el peligro, se levantó y se fue para salvar su vida, y vino a Beerseba, que está en Judá, y dejó allí a su criado» (1 Reyes 19:1-3).

Elías había matado a los profetas preferidos de Jezabel. El trabajo había sido estresante y agotador. Pero al verse en peligro ante las amenazas de Jezabel, Elías escapó. Él sabía que Jezabel quería verlos a Dios y a él, desacreditados. Cuando el temor ingresó a la vida del profeta, decidió alejarse y esconderse diciendo: «Señor, ya no puedo más, prefiero morir».

Luego, Elías se quedó dormido. Dios permitió que descansara y se recuperara física y espiritualmente. Unas horas después, un ángel lo despertó y le dijo que comiera. Cerca de él había alimento y agua. Luego de comer, volvió a dormirse. Más tarde, el ángel volvió a despertarlo y lo animó a levantarse y a salir a caminar por el desierto cuarenta días y cuarenta noches. Pero luego, Dios lo envió a buscar a aquellos a quienes tenía que ungir: Hazael, por rey de Siria, a Jehú, hijo de Nimsi, como rey sobre Israel, y a Eliseo para que sea profeta en su lugar.

Cuando tengo que referirme acerca de la transición, el mejor ejemplo es el de Elías y Eliseo. Sin lugar a duda, es un modelo claro, ya que la peor transición es aquella que nunca se hace. De hecho, hace más daño la persona que permanece en su lugar, que aquella que se va antes de tiempo.

Mientras todo esto ocurría, Elíseo no tenía la menor idea de lo que estaba por suceder. Él estaba trabajando, arando la tierra con una yunta de bueyes. Al momento que Eliseo labraba la tierra, Dios estaba mencionando su nombre. Él no le estaba pidiendo a Dios: «Por favor, Señor, habla de mí, no se olviden de mí, yo quiero estar en esos lugares y profetizar». No, no fue así. Mientras tú estás trabajando, Dios está mencionando

UNA TRANSICIÓN CULTURAL Y GENERACIONAL

tu nombre ante alguien, en alguna parte del mundo. Pues Él te abrirá puertas. Dios hablará de ti mientras tú estés en tus quehaceres.

A muy corta edad aprendí que cuando quieres abrir puertas a la fuerza, ellas caerán sobre tu cabeza y te matarán. Nunca fuerces nada. Permite que ellas se abran solas. Deja que Dios las abra por ti.

Una mañana visité la casa de un reconocido jugador de fútbol en Brasil, quien junto a su equipo ganó tres campeonatos mundiales. Él y su familia me invitaron a su casa a orar y a compartir un tiempo con ellos. Al llegar vi una puerta principal gigante que era el lugar de ingreso a una mansión. Cuando nos anunciamos, la puerta comenzó a abrirse lentamente. Realmente estaba emocionado y listo para saludar a ese gran jugador que tanto admiraba. Pero la puerta parecía abrirse en cámara lenta. Finalmente entramos a la casa y de pronto, lo veo salir de la cocina, atravesando una pequeña puerta.

En aquel momento, Dios me habló y me dijo: «¿Entendiste? La puerta grande se abre lentamente. La puerta chica se abre rápido, pero se cierra rápido también». Cuando le reclamas a Dios: «Señor, ¿por qué no me abres puertas? ¿Por qué tardas tanto?». Y Dios te dice que esperes, debes entender que esperar no es perder el tiempo, sino confiar en que Dios es fiel y lo hará en el momento indicado. La puerta grande se abre despacio. Si lo que Dios te prometió está tardando mucho, eso significa que es demasiado grande, porque la puerta grande se abre lentamente.

ELIMINA EL PLAN B

«Partiendo él de allí, halló a Eliseo hijo de Safat, que araba con doce yuntas delante de sí, y él tenía la última. Y pasando Elías por delante de él, echó sobre él su manto. Entonces dejando él los bueyes, vino corriendo en pos de Elías, y dijo: Te ruego que me dejes besar a mi padre y a mi madre, y luego te seguiré. Y le dijo: Ve, vuelve; ¿qué te he hecho yo? Y se volvió, y tomó un par de bueyes y los mató, y con el arado de los bueyes coció la carne, y la dio al pueblo para que comiesen. Después se levantó y fue tras Elías, y le servía» (1 Reyes 19:19-21).

"SI LO QUE DIOS TE PROMETIÓ ESTÁ TARDANDO, SIGNIFICA QUE ES DEMASIADO GRANDE."

Cuando Dios le dijo a Elías que ungiera a Eliseo, este tomó su manto y lo cubrió. Es llamativo notar que todos los profetas de la Biblia fueron ungidos con aceite, excepto Eliseo, quien solo fue cubierto con una capa. No tengo idea del porqué Elías lo hizo así, pero tengo una perspectiva que desatará una pregunta: «¿Y si lo que Dios hizo contigo, no lo hizo con nadie más?». Los demás profetas fueron ungidos de la misma forma. Lo que Dios hizo con Eliseo, no lo volvió a vivir otra persona. Quizás lo que Dios haga contigo, no lo ha hecho todavía con otro. Tal vez, lo que vayas a vivir sea algo nuevo, algo diferente.

Luego de que Elías cubrió con su capa a Eliseo, este le dijo: «Déjame despedirme de mis padres, y luego te seguiré». Elías se lo permitió. Pero el relato bíblico no dice que Eliseo hizo eso, sino que tomó sus bueyes, los mató y con el arado hizo una parrilla para cocinar la carne de los bueyes y se la dio al pueblo para que comiese. No hay registro de que Eliseo haya ido a despedirse de sus padres.

Tal vez, Eliseo habrá pensado: Mi abuelo fue agricultor. Mi papá es agricultor. Yo soy agricultor. Esto es lo que siempre he hecho. Si ser profeta no me funciona, me sentiré tentado a regresar al mismo lugar de donde salí. Lo mejor que puedo hacer es quemar todo. No voy a tener un plan B, solo un plan A».

Cuando Dios te llama y te unge, no debes tener un plan B. Bloquea de tu teléfono el número de tu Plan B, que es: «Si no me funciona ser profeta, seré evangelista o maestro». Porque cuando Dios te llama, nunca hay un Plan B.

ANTES DE IRME, PIDE LO QUE QUIERAS

Eliseo caminó con Elías, pero el tiempo había llegado en que Elías fue llamado por Dios para ascender al cielo. Entonces, luego de abrirse las aguas del Jordán, Elías le dijo a Eliseo: «Pide lo que quieras antes de irme». Y Eliseo le dijo: «Te ruego que una doble porción de tu espíritu sea sobre mí».

Hay grandes hombres a quienes Dios les ha dado una voz y un nombre, y no están cuidando lo que les ha sido entregado.

Algunos dicen: «Es que me canso de viajar tanto en avión». Pero se olvidan de cuando oraban pidiéndole a Dios que les abriera una puerta para poder predicar. Recuerda que, lo que tú rechazas, Dios se lo dará a otro.

Aprende que es mejor gastarse que oxidarse. Muchos oraban pidiendo: «Dios levántame, úsame, envíame a esa nación a predicar». Y ahora dicen: «Me cansan tantas invitaciones». ¡Cuidado! Porque lo que tú rechazas, hay alguien que está pidiendo el doble. Elías dijo: «Pide». Porque el Ministerio no se exige, se pide.

Eliseo pidió la doble porción, y en la respuesta de Elías se revela el secreto: «Si me vieres cuando fuere quitado de ti, te será hecho así; mas si no, no» (2 Reyes 2:10). Dios levantaría a Elías al cielo en un torbellino. Si Eliseo lo veía subir, le sería dada la doble porción.

"NUNCA FUERCES NADA. PERMITE QUE ELLAS SE ABRAN SOLAS."

Este es el código que debes entender para poder recibir lo que pides en la tierra: Cuando anhelas ver a tu Pastor subir, lo tuyo se desatará. Cuando tratas de impedir el crecimiento del otro, tú eres quien se retrasa a sí mismo. Cuando quieres ver a tu pastor subir y crecer, se desata la unción sobre ti. Es por esa razón que debes orar por tu líder, por tu pastor, por el dueño de la empresa, porque si él crece, tú también crecerás. Si él avanza, tú también avanzarás.

Hay quienes hacen la oración de «contraria»: «Dios, no lo uses tanto. Frénalo un poco». Pero el Reino de los cielos no funciona así. Si te va bien a ti, me va bien a mí. Si tú avanzas, yo avanzo. ¡Alégrate, cuando alguien crece antes que tú! ¡Alégrate, cuando alguien recibe una palabra y tú no!

Cuando el ángel Gabriel visitó a María, le dijo: «¡Salve, muy favorecida! El Señor es contigo; bendita tú entre las mujeres. Mas ella, cuando le vio, se turbó por sus palabras, y pensaba qué salutación sería esta. Entonces el ángel le dijo: María, no temas, porque has hallado gracia delante de Dios. Y ahora, concebirás en tu vientre, y darás a luz un hijo, y llamarás su nombre JESÚS. (…) Entonces María dijo al ángel: ¿Cómo será esto? Pues no conozco varón. Respondiendo el ángel, le dijo: El Espíritu Santo vendrá sobre ti, y el poder del Altísimo te cubrirá con su sombra; por lo cual también el Santo Ser que nacerá, será llamado Hijo de Dios. Y he aquí tu parienta Elisabet, ella también ha concebido hijo en su vejez; y este es el sexto mes para ella, la que llamaban estéril; porque nada hay imposible para Dios» (Lucas 1:28-31, 34-37).

Imagino a María, luego de recibir la noticia, y pensando a quién podría contarle que estaba embarazada. A su papá, no podía, porque no estaba casada. A su madre, tampoco. A José, mucho menos. ¿Con quién podría María compartir esa revelación?

Cuando tienes una gran revelación, no puedes compartirla con cualquiera. Entonces María recordó que el ángel le había dicho que hacía seis meses había hablado con su prima Elisabet. Debes aprender a compartir tus experiencias con quienes tuvieron experiencias similares. Busca a la persona correcta para hablar de determinadas revelaciones que has recibido. Deja de pretender convencer a carnales de las cosas espirituales.

Entonces María fue a ver a Elisabet, y el bebé de seis meses que estaba en su vientre, saltó y se movió. Entonces María miró su propio vientre y todavía no se notaba que había vida dentro de ella. Sin embargo, su prima ya tenía un embarazo considerable y visible.

¿Qué sientes cuando ves a tu hermano crecer y lo tuyo todavía es apenas algo pequeño? ¿Qué sentimientos tienes cuando sabes que Dios te habló, pero tu proyecto, tu sueño, tu ministerio, todavía no ha crecido? ¿Qué sientes cuando tu hermano crece primero?

Elisabet se alegró. De acuerdo con los estudios científicos, lo que la mujer embarazada siente, el niño también lo siente. Y «aconteció que cuando oyó Elisabet la salutación de María, la criatura saltó en su vientre; y Elisabet fue llena del Espíritu Santo» (Lucas 1:41).

El hecho de que el bebé que estaba en el vientre de Elisabet, nacería primero, no significaba que el bebé de María sería inferior. Elisabet cargaba al profeta Juan, el Bautista; pero María tenía en su vientre a Jesús, el Rey de reyes, Señor de señores, el Principio y el Fin. El que nació primero sería quien abriría el camino que Jesús luego transitaría.

Si hay alguien que tiene una empresa similar, y crees que es tu competencia, tu oración debe ser: «Señor, desátalo y prospéralo». Conocí a un hombre que era dueño de una empresa, y también conocía al dueño de otra empresa que hacía lo mismo que él, y en la misma zona. Sin embargo, este nunca confrontó con él, ni siquiera provocaba malas competencias. De pronto, una tarde se encontraron, y luego de saludarse, el otro empresario le dijo: «Quiero contarte que me voy de la ciudad, y pensé en ti para hacerte un ofrecimiento: ¿Quieres comprar mi compañía?».

Hay gente que hizo crecer una empresa para luego ponerla en tus manos. Los planes de Dios son perfectos. Él nunca se equivoca.

SE VIENE UN CAMBIO

Hay hombres de Dios que no saben aprovechar la oportunidad que Dios les da. Fue por esa razón que Dios sacó lo que estaba sobre Elías y se lo entregó a Eliseo. Y mientras Elías subía en medio del torbellino de viento, Eliseo gritó: «¡Padre mío, padre mío, carro de Israel y su gente de a caballo! Y nunca más le vio; y tomando sus vestidos, los rompió en dos partes. Alzó luego el manto de Elías que se le había caído, y volvió, y se paró a la orilla del Jordán» (2 Reyes 2:11-13).

Por años creí que el manto de Elías había caído sobre el hombro de Eliseo, pero la Palabra dice que cayó al suelo. Entonces entendí que el manto no se recibe sobre los brazos, sino humillado de rodillas para recogerlo.

Seguramente, y debido al viento del torbellino, el manto se ensució. Pero para poder seguir, Eliseo lo debe haber sacudido y limpiado. ¿Estás dispuesto a limpiar el manto de alguien que se ha ensuciado? Eliseo no solo limpió el manto, sino que creyó que Dios podía seguir usándolo.

Esto me recuerda a José de Arimatea, quien invirtió en un lienzo para cubrir un cuerpo desnudo, lastimado, sangrando y muerto: el de Cristo. ¿Quién sería capaz de invertir tiempo y dinero en un cuerpo muerto, cubierto de heridas y suciedad? Solo aquel que cree que, al tercer día, ese mismo cuerpo, resucitará. Estos lienzos en los que José había invertido, hablan de honor y de orden.

Cuando estoy en mi casa y me toca arreglar la cama, al ver los resultados, mi esposa sabe que fui yo quien la hizo. Cuando nuestro hijo David es quien acomoda la cama o dobla la ropa, hace un bollo y listo, se parece a mí. Pero cuando el que hace esas tareas es nuestro hijo Gabriel, el primogénito, mi esposa también reconoce quién lo hizo, porque lo conoce y sabe que es cuidadoso como ella.

Los discípulos pasaron tres años con Jesús. En algún momento, habrán visto a Jesús recogiendo su cama. Antes de morir, Jesús sabía que se correría el rumor de que habrían robado su cuerpo, entonces quiso enviarle un mensaje a la gente que lo conocía: «y el sudario, que había estado sobre la cabeza de Jesús, no puesto con los lienzos, sino enrollado en un lugar aparte. Entonces entró también el otro discípulo, que había venido primero al sepulcro; y vio, y creyó» (Juan 20:7-8).

¿Qué vieron esos discípulos al entrar en la tumba vacía? Cuando un ladrón entra a robar, no tiene tiempo para doblar la ropa. En este caso, los lienzos estaban doblados y acomodados. Este era un mensaje especial para Pedro, ya que él sabía cómo Jesús arreglaba su cama. Cuando Pedro entró y vio la tumba, reconoció la forma en que estaban doblados los lienzos; tuvo la certeza de que Cristo había resucitado. Porque tu orden demuestra quién eres en verdad.

"EL MANTO NO SE RECIBE SOBRE LOS BRAZOS, SINO HUMILLADO DE RODILLAS PARA RECOGERLO."

En ese tiempo se utilizaban diferentes lienzos, unos eran para los pies y otros para la cabeza, y se guardaban en diferentes lugares. Los lienzos que cubrían los pies se ensuciaban y no se podían mezclar con los que cubrían la cabeza.

¿Qué te estoy diciendo con eso? Cuando Pedro entró a la tumba vacía y vio que los lienzos que cubrían los pies estaban separados de los que cubrían la cabeza, recibió un mensaje: Jesús mismo, luego de haber resucitado, había doblado los lienzos que lo cubrían. Dios ordenará tu vida, tu casa y está preparando a la próxima generación para un cambio. Uno que quizás, hasta ahora, al igual que el ungimiento de Eliseo, nunca hemos visto.

Sabemos las formas y las maneras en las que Dios obra. Conocemos su orden y también distinguimos sus señales. Él mismo otorgará una doble unción a aquellos que la pidan y la reciban humillados. A aquellos que han descartado el Plan B. Aquellos que no se preocupan por el crecimiento ajeno, sino que entienden que Dios abrirá las puertas de la forma que Él prefiera, de acuerdo con el llamado que te ha hecho.

¡Nunca dudes de Su llamado y Su respaldo! Mira a tu alrededor y encontrarás que todo está en orden, así como Dios lo habría preparado para tu vida.

Recién entonces estarás listo para ser parte del cambio generacional que Dios está preparando.

UNA REVELACIÓN A OTRA CULTURA

Imagina una tarde calurosa. Un grupo de trece hombres cansados del camino se detiene con la idea de entrar a la ciudad de Samaria para comprar algo de comer. Entre esos hombres estaba Jesús, quien decide quedarse a la orilla de un pozo mientras envía a los doce discípulos a comprar comida. Al pensar sobre eso puedo entender que no era necesario que todos los discípulos fueran a comprar, con dos o tres, hubiera alcanzado, pero Jesús los envió a todos. Es que allí estaba por suceder algo que ni siquiera los discípulos estaban listos para entender. Lo que Jesús está a punto de revelar en la siguiente conversación sería una verdad tan profunda que ellos aún no estaban listos para escuchar.

Cuando lo que estás por decir es algo importante, debes saber quiénes lo escucharán, ya que no todos están listos para comprenderlo. A veces es mejor mandarlos que vayan a dar una vuelta y cuando las cosas estén más claras, que regresen.

Mientras Jesús estaba junto al pozo de Jacob, se acercó una mujer samaritana. Y Jesús inició una conversación. Se podía percibir que el nivel de revelación iba en aumento a medida que la conversación escalaba:

«Y le era necesario pasar por Samaria. Vino, pues, a una ciudad de Samaria llamada Sicar, junto a la heredad que Jacob dio a su hijo José. Y estaba allí el pozo de Jacob. Entonces Jesús, cansado del camino, se sentó así junto al pozo. Era como la hora sexta. Vino una mujer de Samaria a sacar agua; y Jesús le dijo: Dame de beber. Pues sus discípulos habían ido a la ciudad a comprar de comer. La mujer samaritana le dijo: ¿Cómo tú, siendo judío, me pides a mí de beber, que soy mujer samaritana? Porque judíos y samaritanos no se tratan entre sí. Respondió Jesús y le dijo: Si conocieras el don de Dios, y quién es el que te dice: Dame de beber; tú le pedirías, y él te daría agua viva. La mujer le dijo: Señor, no tienes con qué sacarla, y el pozo es hondo. ¿De dónde, pues, tienes el agua viva? ¿Acaso eres tú mayor que nuestro padre Jacob, que nos dio este pozo, del cual bebieron él, sus hijos y sus ganados? Respondió Jesús y le dijo: Cualquiera que bebiere de esta agua, volverá a tener sed; mas el que bebiere del agua que yo le daré, no tendrá sed jamás; sino que el agua que yo le daré será en él una fuente de agua que salte para vida eterna. La mujer le dijo: Señor, dame esa agua, para que no tenga yo sed, ni venga aquí a sacarla. Jesús le dijo: Ve, llama a tu marido, y ven acá. Respondió la mujer y dijo: No tengo marido. Jesús le dijo: Bien has dicho: No tengo marido; porque cinco maridos has tenido, y el que ahora tienes no es tu marido; esto has dicho con verdad. Le dijo la mujer: Señor, me parece que <u>tú eres profeta</u>. Nuestros padres adoraron en este monte, y vosotros decís que en Jerusalén es el lugar donde se debe adorar. Jesús le dijo: Mujer, créeme, que la hora viene cuando ni en este monte ni en Jerusalén adoraréis al Padre. Vosotros adoráis lo que no sabéis; nosotros adoramos lo que sabemos; porque la salvación viene de los judíos. Mas la hora viene, y ahora es, cuando los verdaderos adoradores adorarán al Padre en espíritu y en verdad; porque también el Padre tales adoradores busca que le adoren. Dios es Espíritu; y los que le adoran, en espíritu y en verdad es necesario que adoren. Le dijo la mujer: Sé que ha de venir el <u>Mesías</u>, llamado el <u>Cristo</u>; cuando él venga nos declarará todas las cosas. Jesús le dijo: <u>Yo soy</u>, el que habla contigo» (Juan 4:1-26).

En una conversación de pocos minutos, una mujer que no era hebrea, habló con Jesús y pudo comprender la revelación de que Él era judío, profeta, Señor y el Mesías. A lo que Jesús afirmó: «Yo soy».

UNA TRANSICIÓN CULTURAL Y GENERACIONAL

Cuando los discípulos llegaron, se asombraron de ver a Jesús hablando con una mujer samaritana. Porque judíos y samaritanos no cruzaban palabra. Pero en verdad, Jesús sabía que lo que hablaría con aquella mujer, todavía ellos no estaban listos para escucharlo. En cambio, la mujer, luego de esa conversación, se olvidó de todo lo que había ido a hacer allí, hasta su cántaro, y fue a la ciudad a contarles a todos con quién había estado hablado.

Los discípulos a quien el mismo Jesús les había enseñado a predicar el Evangelio y a ganar a los perdidos, entraron a la ciudad por primera vez, y habiendo podido hablar de Jesús, no lo hicieron. ¿Y qué hicieron? Simplemente trajeron panes. Sin embargo, la mujer, en media hora de charla, regresó y le predicó a toda la ciudad.

Es que una mujer con un corazón entregado, dispuesto, vale más que doce discípulos. Es tremendo percibir y darse cuenta que, aún sin entender, decían: «Rabí, come. Él les dijo: Yo tengo una comida que comer, que vosotros no sabéis. Entonces los discípulos decían unos a otros: ¿Le habrá traído alguien de comer? Jesús les dijo: Mi comida es que haga la voluntad del que me envió, y que acabe su obra» (vv.31-34).

Lo que Jesús les estaba diciendo era que tener una casa nueva es bueno, pero no te sacia. Comprar un vehículo a estrenar, es bueno, pero no te sacia. Lo que realmente sacia al hombre es hacer la voluntad de Dios. Cumplir el propósito y hacer la voluntad de Dios, hace que te sientas complacido y saciado.

Alguna vez te ocurrió que, al terminar de predicar, dijiste: «No tengo hambre». Una vez fui a una campaña a ministrar, y al finalizar la reunión dije: «Me siento lleno». Pero me respondieron, no puede ser, ya que solo recibió el desayuno por la mañana, ni siquiera tuvo tiempo para almorzar. Cuando servimos a alguien estamos alimentándonos a nosotros mismos.

Finalmente, Samaria fue evangelizada por aquella mujer que estuvo en el pozo de agua junto a Jesús, y a quien le fueron reveladas todas las cosas. Al llegar a la ciudad, la Biblia dice que: «Muchos de los samaritanos de aquella ciudad creyeron en él por la palabra de la mujer, que daba testimonio diciendo: Me dijo todo lo que he hecho. Entonces vinieron los samaritanos a él y le rogaron que se quedase con ellos; y se quedó allí dos días. Y creyeron muchos más por la palabra de él, y decían a la mujer: Ya no creemos solamente por tu dicho, porque nosotros mismos hemos oído, y sabemos que verdaderamente este es el Salvador del mundo, el Cristo» (vv.39-42).

> ## "CUANDO SERVIMOS A ALGUIEN ESTAMOS ALIMENTÁNDONOS A NOSOTROS MISMOS."

Vienen años en que aquellos que han estudiado, no comprenderán los tiempos, pero una simple mujer sin estudios teológicos y con grandes diferencias culturales, recibirá la revelación de quién es el Cristo, y correrá por las ciudades predicando y declarando que el Mesías viene pronto, y que todos necesitamos salvación.

PROFETIZO SOBRE TU VIDA

Amado lector, profetizo en el nombre de Jesús, que cargarás el doble de lo que estás buscando de parte de Él. Dios ordenará tu matrimonio. Dios ordenará tu casa. Dios ordenará tus hijos. Dios ordenará tu vida por completo, para luego prepararte para la transición. Será un tiempo de revelación acelerada de parte de Dios. Él te revelará sus planes y sus tiempos para que seas parte de lo que Dios está preparando.

"LAS GRANDES PROMESAS DE DIOS TOMAN TIEMPO, PERO CUANDO CONFÍAS EN SU PLAN, ÉL ABRIRÁ LAS PUERTAS A SU DEBIDO MOMENTO."

CAPÍTULO 9

PROVOCADORES DE AVIVAMIENTO

Durante uno de esos días difíciles estaba orando y le pedía al Señor: «Por favor, ¡basta de tanto desierto! Ya no aguanto más».

Entonces el Señor me preguntó:

—Ronny, ¿dónde vivía Juan el Bautista?
—Señor, en un desierto —respondí.
—¿Y qué pasó con Juan el Bautista cuando entró al Palacio?
—Perdió la cabeza —contesté.
—Hay desiertos que te mantienen con vida y hay palacios que te hacen perder la cabeza. ¿Qué prefieres: vida en el desierto o muerte en el palacio?

A veces reclamamos ante Su Presencia por determinadas situaciones, pero Dios nos mantiene en el desierto para preservarnos con vida. De hecho, Juan el Bautista salió del desierto y fue a la ciudad solo para perder la cabeza. No reclames en el desierto, porque tal vez es lo que te mantiene con vida. Dios te va a hacer fuerte en tu desierto.

¿Qué le dijo Dios al Profeta? Te llevaré al desierto y allí te haré escuchar mis palabras. ¿Quién dijo que el desierto es un lugar de silencio? En el desierto no necesitas mucho, solo dos sillas, una para ti y otra para Dios.

¿Por qué vivió el profeta Juan en el desierto? De hecho, su vestimenta era de piel de camello, aún con tanto calor. Y su alimento consistía en langosta con miel, un alimento poco común.

Cuando tuve la oportunidad de viajar a Israel, al momento de preguntarme acerca del almuerzo, le dije a uno de los anfitriones:

—Por favor, puedo comer cualquier cosa, pero no me traigan langosta con miel, como comía el profeta.
—¿De qué hablas, Ronny? —me preguntaron
—Es que yo no me imagino sacando la patita, las alitas de la langosta para poder comerla. De solo pensar, no lo resisto.
—Ronny, la langosta no tiene alas ni patas —respondió.
—¿Entonces de qué langosta estamos hablando? Porque en Brasil a la langosta se la llama «gafanhoto» y en México, «chapulín».

—La langosta que comía Juan en el desierto era la raíz de una planta seca y amarga. Además, hay dos teorías que echan por tierra tu pensamiento. La primera es: ¿Realmente crees que un insecto sobreviviría en un desierto? No podría, ya que no tiene de qué alimentarse.
—Bueno, está bien —respondí—. Ahora dime cuál es la segunda.
—La segunda es: ¿Crees que un Dios que prohíbe comer carne de ciertos animales, autorizaría a los suyos a comer insectos?
—Ya me convenciste —respondí—. Entonces tomé papel y lápiz y comencé a escribir: El profeta Juan Bautista se alimentaba de raíces.
—¿Qué está anotando? —me preguntó.
—Estoy anotando una revelación que Dios me ha dado.
—¿Cuál es? —preguntó.
—Que lo profético se alimenta de lo profundo, no de lo superficial. Todo lo que viene de parte de Dios viene con profundidad. Como la raíz era amarga, debía agregarle miel para poder comerla. Porque en la boca de un profeta lo amargo se hace dulce y lo dulce se hace amargo.

El profeta Juan el Bautista vivió en el desierto. Es que lo profético sobrevive donde otros se mueren. El que porta una gracia profética, sobrevive a todo. En cambio, otros, cuando ingresan al desierto, comienzan a pedir: «Por favor, sácame de aquí». Sin embargo, para el profeta esa era su casa.

INGRESANDO A NUEVOS TIEMPOS

Estamos entrando a un tiempo de poderoso avivamiento. Dios está levantando hombres y mujeres dispuestos no solo a orar sino a provocar un mover en las calles, en su ciudad, en su universidad, en su trabajo. Si tú eres uno de ellos, serás conocido como un «provocador de avivamiento». Al igual que a Pablo y a Silas, a quienes los llamaban «alborotadores de la ciudad».

La mayor profecía de todos los tiempos es la Palabra de Dios. Puedes ser profeta, pero siempre debes tener preparada una Palabra que provenga de la Biblia. Porque el profeta no habla de lo que quiere, sino que siempre dependerá de lo que el cielo quiere decir. En muchos lugares de la tierra se están comenzando a vivir llamas de un gran avivamiento. Y podemos observar que detrás de esos focos están aquellos provocadores de avivamiento.

Avivar es dar vida a lo que se estaba muriendo. El término «avivar» deriva de la palabra vida. Todo lo que Dios hace, lo hace con un propósito. Nada lo hace sin sentido. La Palabra de Dios nos afirma en el libro de Génesis, que Dios creó los cielos, la tierra, los animales y las plantas. Algunas cosas pertenecen al cielo y otras a la tierra. Cada una de ellas forman parte de una dimensión.

Pero como lo describí en el capítulo 6 de este libro, Dios formó al hombre del barro, elemento que pertenece a la dimensión de la tierra, y luego sopló de su aliento en él, y le agregó un elemento de la dimensión del cielo. El ser humano es el único ser que fue creado con ambas dimensiones, porque tiene lo del Cielo y de la Tierra, juntos.

Por eso es necesario entender que hay un tremendo poder dentro de ti. Jesús lo explica así: «el espíritu (lo del cielo) a la verdad está dispuesto, pero la carne (lo de la tierra) es débil» (Marcos 14:38). Dios quiere que conectes tu espíritu con la gracia de la presencia de Dios, que es de arriba. Este poder no vendrá de los animales, de las plantas ni de los astros, sino de Dios. El avivamiento que conecta el Cielo con la Tierra, lo produce Dios a través de aquel que esté dispuesto a ser usado como un generador de transformación. Porque donde tú llegas, llega el cielo. Donde tú pisas, pisa el Reino de Dios.

REVELAR EL ROSTRO DE DIOS

Moisés hizo la oración más intensa que todos nosotros hubiéramos hecho. Él dijo: «Quiero ver tu rostro, muéstrame tu cara». Pero Dios le respondió: «No voy a permitir que veas mi rostro».

¿Por qué Dios no quiere que nadie vea Su rostro tal como Él es? Es curioso que cuando tú quieres ver algo, y no lo logras, en tu interior sientes más deseos por descubrirlo. El hecho de buscarlo y no verlo despierta en ti esa hambre de decir: «Quiero ver un poquito más».

Dios dijo: «No verán mi rostro», pero hizo al hombre conforme a Su imagen. ¿No será que Dios quería que yo lo vea a través de ti? «Felipe le dijo a Jesús: "Señor, muéstranos el Padre, y nos basta. Jesús le dijo: ¿Tanto tiempo hace que estoy con vosotros, y no me has conocido, Felipe? El que me ha visto a mí, ha visto al Padre; ¿cómo, pues, dices tú: Muéstranos el Padre?"» (Juan 14:8-9).

Quien te ve a ti, ve a Dios. La forma de ver a Dios es mirando a nuestro prójimo. Es por eso que el mayor mandamiento es «Ama a Dios sobre todas las cosas». Y a ti te dirán: «Venid, benditos de mi Padre, heredad el reino preparado para vosotros desde la fundación del mundo. Porque tuve hambre, y me disteis de comer; tuve sed, y me disteis de beber; fui forastero, y me recogisteis; estuve desnudo, y me cubristeis; enfermo, y me visitasteis; en la cárcel, y vinisteis a mí» (Mateo 25:34-36).

Entonces le responderán diciendo: «Señor, ¿cuándo te vimos hambriento o sediento, y te dimos de beber? ¿Y cuándo te vimos forastero, y te recogimos, o desnudo, y te cubrimos? ¿O cuándo te vimos enfermo, o en la cárcel, y vinimos a ti?» (Mateo 25:37).

«Y respondiendo el Rey, les dirá: De cierto os digo que en cuanto lo hicisteis a uno de estos mis hermanos más pequeños, a mí lo hicisteis» (Mateo 25:40).

Pablo tuvo un encuentro con Jesús y sucedió lo siguiente: «Mas yendo por el camino, aconteció que al llegar cerca de Damasco, repentinamente le rodeó un resplandor de luz del cielo; y cayendo en tierra, oyó una voz que le decía: Saulo, Saulo, ¿por qué me persigues? Él dijo: ¿Quién eres, Señor? Y le dijo: Yo soy Jesús, a quien tú persigues» (Hechos 9:3-6).

Entonces Saulo respondió: «Yo no te persigo a ti ni sé quién eres. Yo persigo a los cristianos». Y el Señor le dijo: «Lo que tú no sabes es que cuando persigues a los hermanos, me persigues a mí, porque yo estoy dentro de ellos». La forma de revelar el rostro de Dios y Su esencia es a través de tu prójimo. A cada uno que le diste de comer. Cada visita que hiciste a un enfermo, lo hiciste por Él.

El Señor provocará un avivamiento en la vida de aquellos que vayan a visitar a los ancianos, a los niños, a los presos en la cárcel. Pues el Señor nuevamente dirá: «Por cuanto lo hicieron por ellos, por mí lo hicieron».

Pero ¿qué dice la Palabra en relación con el pobre? El que da al pobre, a Dios da. Porque Dios está escondido dentro de esa persona. Hay dos formas de vivir esta palabra: Sentado, mirando lo que otros hacen, o de pie, haciendo para que otros miren. Cuando fuiste a ayudar no eras tú, sino Él dentro de ti.

El avivamiento se sentirá no solo dentro de la iglesia sino también en el servicio a los demás. Porque cuando lo haces para uno de los pequeños, se lo estás haciendo al mismo Dios. Es tu manera de reflejar al Dios que está dentro de ti.

EL AVIVAMIENTO Y LOS LATINOS

¿Qué tiene que ver la estima con el avivamiento? En la versión Reina Valera 1960, la más antigua y cercana al original, en el texto de Juan 19:20 dice: «Y muchos de los judíos leyeron este título; porque el lugar donde Jesús fue crucificado estaba cerca de la ciudad, y el título estaba escrito en hebreo, en griego y en latín».

Jesús fue crucificado en la ciudad y había un cartel de madera colocado arriba de su cabeza. Muchos de los judíos leyeron lo que decía, porque estaba escrito en hebreo, griego y latín. Lo que allí estaba escrito era una profecía para ese tiempo.

Cuando Dios se revela en Su Palabra, se da a conocer a través de los hebreos, por eso dice: «Yo soy el Dios de los hebreos». Luego, los hebreos recibieron el mensaje y Pablo tuvo la oportunidad de llevarle el Evangelio a los gentiles, a los griegos. Así el Evangelio comenzó a esparcirse al punto tal que, de acuerdo con el libro de Apocalipsis, llegó hasta las siete iglesias de Asia. Curiosamente, más de cincuenta mil palabras que hoy conforman el idioma inglés, tienen raíces griegas.

Entonces, primero se extendió a los hebreos. Segundo, a los griegos. Por último, a los que hablaban en latín, lengua de donde surgen dos idiomas muy fuertes: el portugués y el español.

En la historia, Dios se revela primero como el Dios de los hebreos. Luego, a los gentiles como el Dios de los griegos. Los latinoamericanos fuimos evangelizados por americanos y europeos. Los últimos en recibir el mensaje, fuimos los latinos. Pero la Biblia dice que, los últimos serán los primeros. La iglesia latina presentará el mensaje de ese tiempo: Jesús, el Rey de los judíos, el mensaje del Reino.

¿Quiénes fueron los últimos en ser evangelizados? El avivamiento tiene mucho que ver en esto, ya que, a cualquier lugar del mundo donde viajes, encontrarás una iglesia y un latino que se congrega allí. En la iglesia más grande del mundo hay un latino entre ellos. El Señor provocará un gran avivamiento a través de los latinos alrededor de todo el mundo.

Jesús fue invitado a una boda y allí ocurrió el primer milagro. Cuando se acabó el vino, Jesús pidió que llenaran las tinajas de agua, y luego las convirtió en vino. «Cuando el maestresala probó el agua hecha vino, sin saber él de dónde era, aunque lo sabían los sirvientes que habían sacado el agua, llamó al esposo, y le dijo: Todo hombre sirve primero el buen vino, y cuando ya han bebido mucho, entonces el inferior; mas tú has reservado el buen vino hasta ahora» (Juan 2:9-10).

EL BUEN VINO PARA EL FINAL

El Señor ha reservado el mejor vino para el final. Estamos en el final de los días. Este será el último avivamiento de la historia. ¿Qué es un buen vino para un argentino? Junto a mi esposa fuimos pastores en Argentina. Comenzamos a predicar el Evangelio bajo un árbol. Muchos años después sabemos lo que significa para un argentino un buen vino Malbec producido en la provincia de Mendoza. ¿Qué es un buen vino para un chileno? Un cabernet Sauvignon. ¿Qué es un buen vino para un portugués? Un vino del Porto.

Pero ¿qué es un buen vino para un judío? Como la historia transcurre en Israel, el buen vino para un judío es aquel donde primero se corta el racimo de uva, luego se echa sobre un recipiente de piedra llamado lagar, que tiene un agujero a través del cual se escurre el jugo de la uva que cae dentro de una bolsa de cuero llamada «odre».

La Biblia dice que no se debe echar vino nuevo en bolsa de cuero usada. Porque el odre viejo explota con mucha facilidad. Y si luego de un tiempo se destapa, se prueba y está amargo, es un mal vino que solo sirve para vinagre.

Pero el buen vino es aquel que luego de cortar la uva, se pisa en el lagar, cae dentro del odre, se tapa la boca, pasa por el proceso del tiempo, y cuando el experto lo prueba, está dulce. Ese es un buen vino.

Para un judío, un buen vino es aquel que el proceso no lo amarga. ¿Conoces a alguien amargado? Alguno dirá: «Sí, yo vivo amargado, porque mi padre fue así y mi madre también». Pero seguramente conoces a personas que cuando entras a la iglesia te abrazan, se ríen y saltan de alegría. Probablemente ellas atravesaron el mismo proceso que tú, pero se transformaron en un buen vino porque no permitieron que el proceso los amargue.

Hay personas que, al verlas, pensamos: «Este hombre no debe tener problemas ni luchas, no debe saber lo que es un desierto, porque vive feliz, siempre está alegre». Pero si él estuviera cinco minutos contigo, seguramente te contaría: «Cuando era niño, mi papá me abandonó; mi madre tuvo que salir a trabajar y me dejaba solo. La ingrata de mi esposa me fue infiel con uno más feo que yo. Luego me enfermé y llegué a la iglesia. Al principio nadie me aceptaba, pero sabes qué pasó: El gozo que siento dentro de mí, no quiero perderlo, porque yo soy como el vino, no voy a permitir que el proceso me amargue, no voy a permitir que el infierno me quite el brillo en el rostro».

Pero un buen vino solo es tal cuando pasa por la última prueba, cuando se exporta. Nunca se envía a otro país un mal vino. Si tuviste la oportunidad de ir a otro país, tal vez creías que te ibas de viaje, pero en verdad era Dios exportando su mejor vino. La iglesia latina es una iglesia viva que fue exportada por Dios para que lleve alegría y avivamiento a otros países.

Porque donde hay un latino cristiano, hay gozo, alegría y poder de Dios. Tú no sabes cuándo el espíritu te está usando. No sabes cuándo Dios te está enviando a la casa de alguien. No sabes cuándo Dios te está inquietando para visitar a una persona. El Señor te usará de forma sobrenatural. No busques entender cómo lo hará, pero debes saber que lo va a hacer.

Cuando finalices la lectura de este libro no esperes que todo el mundo te comprenda. ¿Por qué? Es simple. Porque los que caminan no entienden a los que vuelan. Aunque suene como una frase de efecto, no lo es. Porque el que camina, tropieza y cae, el que vuela no tropieza ni cae. El que camina escucha al hombre. El vuela escucha a Dios. El que camina mira la tierra. El que vuela mira el cielo. El que camina habla de miles. El que vuela habla de millones.

Sé parte de una iglesia que vuela, porque tu familia va a volar, tus hijos van a volar. Volarás en las alas del espíritu y te veré dirigirte hacia una nueva dimensión. Porque los que confían en el Señor son como águilas. Prepárate para volar. El infierno se desespera porque el diablo no quiere verte volar. Pero Dios ha puesto a nuestra gente en lugares estratégicos.

> ## "EL QUE CAMINA HABLA DE MILES.
> ## EL QUE VUELA HABLA DE MILLONES."

Cuando Dios saque el buen vino que hay en ti, ¡prepárate! Porque a muchos no les va a gustar. Cuando Dios saque el mejor vino que hay en ti, le caerás mal a muchas personas que te van a perseguir, a atacar. Puesto que el avivamiento también habla de persecución. Por eso dije que los que caminan no entienden a los que vuelan, porque siempre tratarán de matar a los que vuelan.

LOS QUE TE QUISIERON MATAR, INVERTIRÁN EN TI

Jezabel le dijo a Elías: «Mañana a esta hora, estarás muerto». En el tiempo cronos, un día son 24 horas. Pero pasaron las horas y Elías no murió. Luego de 48 horas, tampoco. Superaron las 72 horas, y no murió. Pasaron más de 1000 años y Elías no murió. Hasta hoy, Elías no murió porque fue llevado vivo al cielo. ¿Por qué? Porque lo que el cielo determina, la tierra no lo elimina.

Cierto día, Dios, que es tan bueno, reunió a Moisés, a Elías y a Jesús en el mismo lugar, el Monte de la Transfiguración. Y permíteme imaginar esa conversación.

—Y tú ¿quién eres?
—Soy Moisés. Faraón dijo que no podía nacer, pero crecí en el Palacio.
—¿Y tú?
—Yo soy Elías. Dijeron que en 24 horas iba a morir, y hasta hoy, no sucedió.
—¿Y tú?
—Yo soy Jesús. Muchos van a creer que estoy muerto, pero al tercer día, resucitaré.

Porque lo que el cielo determina, la tierra no lo elimina.

Vuela, vuela, vuela, porque si Dios quiere mantenerte con vida, no hay Faraón ni demonio que pueda matar lo que Dios quiere hacer en ti.

¿Cómo sabes cuando algo está vivo o muerto? Porque mientras hay movimiento, hay vida. El Señor usará tu casa como Casa de milagro. No será casa de tragedia ni de problemas. Tus hijos serán hijos de milagros. Él usará hasta los más pequeños para ser ejemplo y moverse a través de ellos. En estos tiempos se levantarán niños profetas. Somos la generación del avivamiento porque Cristo está a las puertas.

Seguramente han pasado cosas a tu alrededor que quisieron entristecerte, pero no permitas que las voces de los críticos te amarguen. Dios te dará gracia y pondrá Su palabra en tus labios. Predicarás como nunca. Nadie quitará el buen vino que hay en ti. Nadie quitará el gozo que hay en ti. Quizás la vida te pegó duro, mal, fuerte, pero soportaste tanto porque eres buen vino. El Señor no permitirá que maten el propósito que ha puesto en ti.

LA UNCIÓN SE SIENTE, PERO LA GLORIA SE VE

Dios me pidió que escriba este libro para liberar una palabra a todo aquel que quiera recibirla. Un profeta no se mueve cuando él quiere, sino cuando Dios lo desea. Cuando el profeta Isaías se movió al templo, un serafín se movió en el cielo (Isaías 6). Es que cuando un profeta se mueve en la tierra, los cielos también entran en movimiento.

Me llama mucho la atención que, cuando entró al templo, el serafín agarró un carbón encendido del altar con unas tenazas. La palabra *serafín* significa «el que arde», «el que quema», «el que es como el fuego». ¿Por qué un ser que arde como el serafín, necesitó usar una herramienta para tomar el carbón, y el Profeta lo soportó sobre sus labios? Es que el fuego que estaba en el altar es el mismo que estaba en la boca del profeta. Y fuego con fuego no quema, sino que se potencian. El fuego del cielo es diferente al fuego de la tierra.

El Señor me dijo: «Dile a mi pueblo que estoy abriendo el tiempo de la gloria postrera, y será vista en forma de avivamiento». La gloria de la segunda casa será mucho mayor que la gloria primera.

La Iglesia de Cristo ha caminado en la unción. Pero ahora ha transicionado a la gloria. La unción se siente. La gloria se ve.

La Biblia dice: «¿No te he dicho que si crees, <u>verás la gloria de Dios</u>?» (Juan 11:40). También dice: «Levántate, resplandece; porque ha venido tu luz, y la gloria de Jehová ha nacido sobre ti. Porque he aquí que tinieblas cubrirán la tierra, y oscuridad las naciones; mas sobre ti amanecerá Jehová, y <u>sobre ti será vista su gloria</u>» (Isaías 60:1-2).

El mundo entero irá de mal en peor, pero nosotros iremos de gloria en gloria. Cuando Moisés tuvo un encuentro con Dios, vio Su gloria. Y cuando descendió del monte, la gente le decía: «Moisés, tu rostro brilla», pero él no lo sabía. ¿Por qué Dios no permitió que Moisés supiera que su rostro brillaba? Porque el que porta la gloria nunca dirá: «Yo tengo la gloria. No me toquen. No se me acerquen». No eres tú el que la siente, sino el que te mira, y dice: «Ese tiene la gloria».

Pero Dios dijo: «Yo Jehová; este es mi nombre; y a otro no daré mi gloria, ni mi alabanza a esculturas» (Isaías 42:8). Él comparte muchas cosas con la tierra, pero no Su gloria. Él permite que Su gloria sea vista, pero solo para que tú la tengas.

Ante la muerte de cuatro días de Lázaro, Jesús no le dijo a su hermana: «Tu hermano va a resucitar». Él le dijo: «¿No te he dicho que si crees, verás la gloria de Dios?». ¿Hay que ver resucitar a un muerto para contemplar la gloria de Dios? Ver la gloria de Dios significa traer vida a todo lo que se está muriendo. Es por eso que la Biblia dice que, en los últimos días, toda la tierra sería llena de Su gloria.

El Profeta le dijo: «Vaya a la casa de Isaí porque entre sus hijos hay uno que será el rey». Dios le dijo al Profeta el nombre del padre, Isaí, pero no le dijo el nombre del hijo, que sería rey. ¿Por qué a veces Dios nos lo hace tan difícil? No quiero saber el nombre del padre, mejor dame el nombre del rey. Lo que Dios hace es enseñarnos a funcionar sin Él.

Cuando llega la noticia a la casa de Isaí, de que uno de sus hijos sería el rey. Entonces el profeta Samuel, el hijo que Dios le había prometido a Ana, tomó la lista de los hijos de Isaí y comenzó a llamarlos.

El primero era morocho, alto, pantalón negro. Ese no era, Dios no miraba lo que el hombre veía. El segundo tampoco. Ni tercero, tampoco el cuarto, el quinto ni el sexto. Entonces, en medio de una confusión profética, Samuel preguntó si esos eran todos sus hijos:

—Isaí, ¿se acabó la lista? ¿Son estos todos tus hijos?
—No, tengo uno más, el menor.
—¿Y por qué su nombre no está aquí, en la lista?
—Es que yo creía que podía ser cualquiera de los otros, menos él.

Ni el propio padre creía que Dios podía hacer algo con David. Su nombre no estaba en la lista de los hombres, pero estaba escrito en la lista de Dios. El padre terrenal dijo: «No cuenta». Pero, el cielo dijo: «Es este al que quiero como rey».

Mi nombre no estaba en la lista de los hombres, pero estaba en la lista de Dios. Los que provocarán un avivamiento son aquellos que no están en la lista de los hombres, serán aquellos de quienes nadie espera nada. Serán los que nunca encajan. Hubo una generación que sembró. Pero esta será una generación que recogerá.

¿Cuál es la directiva de Dios para esta generación?

Conocemos la historia acerca del endemoniado gadareno, que vivía entre los sepulcros y andaba desnudo. Nadie podía sujetarlo porque hacía pedazos las gruesas cadenas que lo ataban. Pero cuando de lejos vio a Jesús, corrió y se arrodilló ante Él.

«Y le rogaron todos los demonios, diciendo: Envíanos a los cerdos para que entremos en ellos. Y luego Jesús les dio permiso. Y saliendo aquellos espíritus inmundos, entraron en los cerdos, los cuales eran como dos mil; y el hato se precipitó en el mar por un despeñadero, y en el mar se ahogaron. Y los que apacentaban los cerdos huyeron, y dieron aviso en la ciudad y en los campos. Y salieron a ver qué era aquello que había sucedido. Vienen a Jesús, y ven al que había sido atormentado del demonio, y que había tenido la legión, sentado, vestido y en su juicio cabal; y tuvieron miedo» (Marcos 5:12-15).

Aunque ya nos hemos referido a esta historia en el capítulo 7, quiero que te detengas a pensar en este hombre que mientras estaba endemoniado andaba desnudo, pero cuando Jesús lo hizo libre, se sentó y estaba vestido. ¿Cómo podía ser esto posible?

¿De dónde sacó la ropa? ¿Quién echó fuera los demonios: Jesús o Pedro? Jesús ¿Quién crees que le predicó? Jesús. Entonces, ¿quién crees que lo vistió? No estoy diciendo que Jesús se quedó desnudo, ya que tenía varias túnicas. ¿Sabes cuál es la bendición del Evangelio? Es poder vestir a alguien que está desnudo. En los tiempos de Jesús, cualquiera que andaba con Él, conocía la ropa que usaba. Por esa razón, cualquiera que miraba al hombre que había sido libre podía decir: «Hay algo de Jesús en él». Además, consideremos que la ropa de Jesús traía perfume, porque las mujeres para honrarlo derramaban perfumes caros sobre Él. Entonces, cuando el gadareno se acercaba a ellos, decían: «Este huele a Cristo. Este se ve como Cristo».

«Al entrar él (Jesús) en la barca, el que había estado endemoniado le rogaba que le dejase estar con él. Mas Jesús no se lo permitió, sino que le dijo: Vete a tu casa, a los tuyos, y cuéntales cuán grandes cosas el Señor ha hecho contigo, y cómo ha tenido misericordia de ti» (Marcos 5:18-19).

El gadareno quería ir con Jesús, estar cerca de Él y aprender más de sus enseñanzas, pero Jesús no se lo permitió, sino que lo envió a su casa para que testificara a todos lo que el Señor había hecho en su vida. Y así lo hizo en Decápolis.

Si el hombre hubiera ido en el barco, hubiera sido un pasajero más, pero en Decápolis, que eran diez ciudades, tuvo una gracia especial para predicar con libertad. Luego, cuando Jesús fue a

Decápolis, ya toda la gente estaba llena de fe y muchos milagros ocurrieron porque estas ciudades habían recibido el testimonio del gadareno.

La generación que Dios va a usar en ese tiempo no encaja con los moldes establecidos. Imagina esta escena:

Llegas al cielo y te preguntan:

—¿Nombre?
—Fulano.
—¿Iglesia?
—¿Qué es iglesia?
—¿Cómo que nunca fue a la iglesia? ¿Fecha de bautismo?
—Nunca me bauticé.
—¿Qué hizo antes de venir para acá?
—Robé.
—Esto es raro…
—¿Está seguro que tienes que estar aquí?
—Mire, el hombre de la cruz me dijo que hoy yo debería estar aquí.
—¿Qué me está diciendo?
—Le estoy diciendo que el hombre que estaba crucificado a la par mía me dijo que hoy mismo yo debería estar en este lugar.

Esta es una generación de gente acelerada. Estamos en los tiempos de predicar la palabra que limpia a los leprosos y sana a los enfermos. Dios te usará con poder y con gracia, al igual que lo hizo con el gadareno. Serás usado como nunca. Por esa razón, esta palabra es para gente entendida en los tiempos. Aquella que sabe que para escuchar una instrucción no hay precio. No importa lo que sea, aquí estoy. Porque hay gente que tiene recursos, pero hay otros que tienen revelación. Por lo general, el que tiene revelación no tiene recursos, pero el que tiene recursos le falta revelación. Faraón tenía recursos, pero no tenía revelación. José tenía revelación, pero no tenía recursos. Cuando José le dio la revelación a Faraón, este le dio los recursos. Sé que quieres subir ya mismo a la barca para continuar aprendiendo las enseñanzas del Señor, pero es tiempo de que escuches cuáles son sus directivas. Hacia dónde debes ir y qué debes decirle a esa gente. Debes preparar los lugares que el Señor te indique, porque luego, Él pasará y necesita encontrar fe.

A lo largo de este tiempo aprendí que hay dos grupos de personas. El primero es aquel que espera que algo acontezca. Pero el segundo es aquel que provoca el acontecimiento. Hay un gran avivamiento a las puertas, ¿a cuál de los dos grupos perteneces tú?

PROFETIZO SOBRE TU VIDA

Te profetizo en el nombre de Jesús, que Dios te dará revelación y te dará recursos. A la Iglesia de Cristo le digo que viene la gloria postrera y que Dios hará cosas grandes. Vendrá un nuevo tiempo. Algo nuevo viene en camino.

Es el anhelo de mi corazón que después de leer este capítulo, suceda en tu vida, un antes y un después. Dios quiere indicarte hacia dónde debes ir a testificar. ¡Levanta tu mano y celebra al cielo!

CAPÍTULO 10

LOS IMPROBABLES

Una mañana mi esposa estaba en la planta alta de la casa, y me llamó:

—Ronny, Ronny, Ronny.
—¿Qué necesitas? —le pregunté al llegar.
—Si me habías escuchado, ¿por qué no me respondiste? —me preguntó.
—Es que ya venía caminando hacia ti —le expliqué.

En ese momento, mientras entraba a la habitación, sentí que la Presencia de Dios ingresó también y me dijo: «Muchas veces hago lo mismo contigo. Tú gritas, clamas, llamas, y yo no te contesto de inmediato, porque estoy yendo hacia ti».

Pude entonces comprender que, en la dinámica de la oración, cuando Dios no nos responde de inmediato, es porque no quiere gritarnos de lejos sino hablarnos de cerca.

Cuando Israel iba a salir de Egipto, Moisés oró y Dios le respondió con una pregunta: «¿Por qué clamas a mí? Diles a los hijos de Israel que marchen». El pueblo había sido esclavo toda su vida, pero Dios los llamó a marchar como ejército. Es que, aunque en la tierra los seguían viendo como esclavos, en el cielo Dios los veía como a un ejército.

Tú no eres alguien que va a provocar lástima en los demás, sino alguien que formará parte del Ejército de Dios para un avivamiento en los últimos días. Y por eso, Dios quiere hablarte de cerca. Te está llamando para que te acerques a Él. Lo que Dios quiere tener contigo es aquello que ojo no vio y oído oyó, y lo tiene reservado para aquellos que en Él confían. Tú no vas a vivir de lo que sale de la boca del hombre sino de lo que sale de la boca de Dios.

MIRAR PARA ARRIBA

Una de las cosas que provoca el avivamiento en un lugar es la restauración del gozo. Si caminas por las calles de las grandes ciudades, verás gente mirando hacia el suelo, con su rostro cubierto de tristeza, sin esperanza.

Pero la Biblia dice: «En el año que murió el rey Uzías vi yo al Señor sentado sobre un trono alto y sublime, y sus faldas llenaban el templo. Por encima de él había serafines; cada uno tenía seis alas; con dos cubrían sus rostros, con dos cubrían sus pies, y con dos volaban. Y el uno al otro daba voces, diciendo: Santo, santo, santo, Jehová de los ejércitos; toda la tierra está llena de su gloria. Y los quiciales de las puertas se estremecieron con la voz del que clamaba, y la casa se llenó de humo. Entonces dije: ¡Ay de mí! que soy muerto; porque siendo hombre inmundo de labios, y habitando en medio de pueblo que tiene labios inmundos, han visto mis ojos al Rey, Jehová de los ejércitos. Y voló hacia mí uno de los serafines, teniendo en su mano un carbón encendido, tomado del altar con unas tenazas; y tocando con él sobre mi boca, dijo: He aquí que esto tocó tus labios, y es quitada tu culpa, y limpio tu pecado» (Isaías 6:1-7).

"DIOS TE ESTÁ LLAMANDO PARA QUE TE ACERQUES A ÉL."

En la Biblia aparece un ángel, un querubín, un arcángel, pero esta es la única vez que aparece un **serafín**. Isaías lo vio cuando estaba mirando hacia el cielo, porque la condición de la tierra no era buena. En el año en que todos estaban mirando para abajo, Isaías entró a la casa del Señor y miró para arriba.

¿Por qué Isaías fue el único que vio a un serafín? Porque cuando todos miran hacia abajo, tú hacia arriba, y esperas ver lo que nunca nadie vio. ¡Mira para arriba! De allí vendrá tu socorro.

Me apasiona la Palabra de Dios, la amo. Recuerdo claramente el texto cuando Dios le habló a Noé y le dijo: «Construye un barco». Imagino que asombrado le habrá respondido: «¿Para qué?». Y la respuesta de Dios habrá sido: «Para flotar en la lluvia». Y Noé debe haber continuado preguntando: «Pero, ¿qué es lluvia?». Nunca había llovido sobre la tierra.

Ese día Dios le pidió a Noé que hiciera algo que nunca vio, para algo que nunca existió. Y lo que más me llama la atención es que Noe lo hizo cuando era un joven de 600 años (Génesis 7). ¡Dios le entregó el diseño del arca a un hombre de esa edad! Podía habérselo dado a uno de 100 años. Pero a Dios, por lo visto, no le importa cuántos años tienes, Él tiene grandes proyectos para que tú desarrolles. No permitas que el enemigo te haga creer que eres viejo. Repite conmigo: «Si Noe pudo, yo también podré».

"LO QUE DIOS QUIERE TENER CONTIGO ES AQUELLO QUE OJO NO VIO Y OÍDO OYÓ."

El avivamiento es más que decir «sí». Allí comienza un largo camino. Quizás algunos dicen que todavía no descubrieron su don, por ejemplo, un hermano de mi congregación que me dijo:

—Yo no tengo don.
—Creo que tú tienes el don del abrazo —le respondí.

—De los nueve dones que están en la Biblia, nunca había leído sobre este don —me dijo.
Entonces llamé a una hermana de la iglesia y le dije:
—Cuéntale cuando llegaste por primera vez a la iglesia.
—Llegué muy mal, pero al entrar, este hermano me recibió con un abrazo que me alegró el alma —empezó a decir.

Luego llamé a otro muchacho y dijo:

—Yo siempre necesité el abrazo de un padre que nunca tuve. Pero cuando entré a la iglesia, usted era el portero y me recibió con un abrazo, que era el que yo necesitaba.

No sé cuál es el don que tú tienes, lo que sí te digo es: Usa todo lo que puedas para la gloria de Dios y para ganar a los perdidos. Predica para Dios. Canta para Dios. No importa lo que tú creas que eres, aún si piensas que eres insignificante. Usa lo que eres y lo que tienes para la gloria de Dios.

INTERVENCIÓN DIVINA

Noé era agricultor. No entendía de barcos. Sin embargo, es llamativo que Dios le dio instrucciones precisas para realizar el arca. Le dijo: «Noe, edifica estas habitaciones. Haz esto con los animales y construye una sola ventana».

Cuando tuve la oportunidad de viajar en un crucero, las ventanas estaban ubicadas en los costados para ver el mar, la luna, la costa y el reflejo de la luna en el agua. Es por eso que las habitaciones con ventana son las más solicitadas y también las más caras. Sin embargo, nunca vi que esos grandes barcos tuvieran ventanas mirando hacia el cielo, como la que había en el arca, así como Dios le había pedido. Pero, ¿por qué Dios le dijo a Noé que quería solo una ventana mirando hacia el cielo y no a los costados? Es que durante el diluvio la tierra era un caos, y en tiempo de caos, Dios no quiere que mires a los costados, sino hacia arriba. Dios no quiere que mires el caos, sino que lo mires a Él y que esperes en Él.

¡Levanta tu mirada al cielo! Levanta tus ojos a Dios. No mires lo que está pasando a tu alrededor, ya que solamente verás el mal. Pero Dios visitará el caos con Su gloria. Y mientras esto suceda, es normal que te sientas perdido.

«Alzaré mis ojos a los montes; ¿De dónde vendrá mi socorro? Mi socorro viene de Jehová, que hizo los cielos y la tierra» (Salmo 121:1-2)

Cuando Dios habló con Noé y le dio las instrucciones de lo que tenía que hacer para edificar el arca, nunca le pidió que construyera un timón. Es que Dios sabe que donde hay timón, la mano del hombre guía. Pero donde no hay timón, el que guía es Dios.

Declara esto para tu vida: «En este año, el timón de mi vida lo tiene Dios». ¿Es normal sentirse perdido? Por supuesto que sí, porque nuestra vida deber ser ordenada en el espíritu, no debemos vivir una vida desordenada. El que es guiado por el Espíritu, dice la Biblia: «El viento sopla de donde quiere, y oyes su sonido; mas ni sabes de dónde viene, ni a dónde va; así es todo aquel que es nacido del Espíritu» (Juan 3:8).

¿Estás dispuesto a que el Espíritu Santo intervenga en tu agenda, en tus planes? ¿Estás preparado para eso? Porque Dios intervendrá en tus planes. ¡Permíteselo! Tu vida no cambiará por las oraciones que haces el domingo, sino por las decisiones que tomas el lunes. Recién entonces las intervenciones divinas sucederán, luego te preguntarás en qué momento ocurrió.

Lo que está pasando en el mundo son intervenciones divinas. Por ejemplo, alguien comienza un servicio de culto un día y la reunión finaliza varios días después porque el Espíritu Santo los visitó de tal manera que no podían concluir.

Escuché algo que me llegó al corazón, jóvenes que durmieron en la calle esperando para que se abrieran las puertas para ser los primeros para entrar en una convención. Imagina a las personas que viven alrededor de ese lugar. No entienden la razón de por qué hacen eso, y aun cuando se lo explican, tampoco comprenden. ¿Por qué? Porque los que caminan nunca entenderán a los que vuelan.

Debes saber que no te entenderán. Y eres parte de todo esto. Comenzaste a leer este libro caminando espiritualmente, pero lo finalizarás volando espiritualmente. Volarás en otro nivel, en otra dimensión. Nunca pretendas que todos te entiendan, porque eso no sucederá. Algunos te dirán, olvida todo eso que te dijeron, y tú responderás: «Ya es tarde, porque todo esto no me llegó a la cabeza sino al corazón».

Mi pregunta es: ¿El arca fue construida arriba o abajo? El arca fue construida abajo, sobre la tierra. Pero luego del diluvio, de la tormenta, el arca terminó arriba. Según los arqueólogos, encontraron los restos del arca en el Monte Ararat, en Turquía. Indudablemente, todo lo que comienza con Dios abajo, termina con Dios arriba.

Una de las cosas que me dejaron perplejo fue comprender que lo que Dios utilizó para sacar el Arca de abajo y llevarla arriba, fue una tormenta. Porque son las tormentas las que Dios usa para sacar a las personas que están abajo y posicionadas hacia arriba. Son las luchas, las pruebas de la vida, las que sacan los que están abajo para llevarlas a los lugares altos.

> **"TU VIDA NO CAMBIARÁ POR LAS ORACIONES QUE HACES EL DOMINGO, SINO POR LAS DECISIONES QUE TOMAS EL LUNES."**

Hay momentos en la vida en que es mejor confiar en que ese Dios que te metió en medio de la tormenta, es el mismo que te sacará de ahí. Cuando Dios guía el arca de tu vida, siempre terminará en el lugar más alto e importante.

Dios nos está atrayendo a Su presencia, a enamorarnos más de Él. Y ese amor dejará cualquier otra cosa atrás. Cuando te enamoras de Dios, nada ni nadie te puede robar ni apartar de Él. Enamórate hasta el punto en el que Él sea tu mañana, tu tarde, tu noche, tu hoy, tu mañana, tu siempre. Porque Él dice que es el mismo de hoy, de ayer y de siempre. ¡Enamórate de Dios!

Cuando comenzó la pandemia, varios miembros de la iglesia me dijeron que, al finalizar el tiempo de aislamiento, ya no se congregarían presencialmente, en el templo, sino únicamente online, de manera digital. Y uno de ellos en especial, me dijo que de manera virtual también podía sentir la gloria de Dios. Entonces le pregunté:

—¿Tienes novia?
—Sí, pastor, tengo novia.
—De ahora en más, solo la verás online: chat, mensajitos, emoji…
—No —respondió— una relación no sobrevive así.
—Ahhhh —respondí— la relación con Dios y tus hermanos debe ser en comunión, presencial. Abrazarte con ellos y unirte junto a tu hermano a adorar a Dios.

¡Enamórate de Dios! Arde por Él. Ámalo de tal manera que no importe dónde, con quién o cómo estás, no puedes dejar de amarlo. Yo me enamoré de Dios de tal forma que también me enamoré de lo que Él está enamorado: las almas, que es lo que Dios más ama.

ENAMORADO DE DIOS

Viví en una hermosa isla de Brasil llamada Espíritu Santo. La capital de esa isla se llama Victoria. Por eso siempre repito que nací en Victoria del Espíritu Santo. Un día, a nuestros dos meses de casados, Dios me dijo: «Deja todo, tus sueños, tus anhelos, y ve a un lugar en Argentina, llamado Santiago del Estero. Allí te voy a enseñar a amar esa tierra y a entregarte por ella. Ámala como amas las playas de Brasil».

"NUNCA PRETENDAS QUE TODOS TE ENTIENDAN, PORQUE ESO NO SUCEDERÁ."

Yo no sabía dónde era. Pero hacia allí fuimos. Comencé a predicar bajo un algarrobo. Solo los niños se acercaban a escuchar la Palabra de Dios. No sabía hablar español, pero estaba enamorado de Dios. Y cuando uno está enamorado, hace locuras, hasta salir de su propia ciudad. Los niños me hablaban de fútbol y cuando me escuchaban hablar en portugués, me preguntaban:

—Conoces a Ronaldinho.
—Conozco a uno mejor que él —respondía.
—¿Quién? ¿De Brasil? ¿Pelé? —continuaban preguntando.
—Vengan mañana y les diré quién es —les contestaba.

Al otro día se llenaba de niños que me preguntaban quién era ese jugador, y yo le decía:
—Ese jugador, cada vez que entra a un partido, es para ganar —les decía incrementando la curiosidad.
—Pero ¿cuál es el nombre?
—Con él, no eres vencedor, eres más que vencedor.
—Pero ¿cómo se llama? —continuaban preguntándome.
—Ven mañana —les decía— y te seguiré contando.

Así estuve durante varios días sin decirles quién era ese jugador. Pero la curiosidad de un niño es fuerte. Dos semanas después llegaron y me dijeron:

—Ronny, hubo algún partido complicado.
—Sí —respondí— iban 2 a 0. Un día fatal, otro día, silencio, pero al tercer día hizo una goleada y venció a la muerte, al infierno, a los principados, a las potestades, a las huestes…
—Pero ¿quién es ese campeón? —asombrados preguntaron.
—Su nombre es Jesús de Nazaret. Es el mejor de la historia. El que siempre gana y nunca pierde.

Aquellos niños aceptaron al Señor y cambiaron de vida. Hoy, muchos de sus padres son pastores. Porque cuando te enamoras de lo que Dios se enamora, todo a tu alrededor cambia. Cuando te enamores de Dios, de verdad, tu vecino no será el mismo. Cuando te enamoras de Dios, de verdad, por donde tú pasas, nada es igual.

Es lindo ver lo que Dios está haciendo en otra ciudad, en otro país, pero necesito comenzar a ver lo que Dios hará a mi alrededor, con mi vecino, con el verdulero y con el panadero a quienes le compro todos los días. Dios va a avivar tu familia. Él avivará tu casa. Dios traerá un cambio en la gente que te rodea. Es imposible pasar cerca del fuego sin salir con olor a humo. Es imposible estar cerca de Dios y no salir lleno de Su Presencia.

DIOS USARÁ A LOS MENOS PENSADOS

Estamos por entrar en uno de los tiempos más fuertes de la tierra y Dios usará a los improbables. Siempre que hay un mover, ocurre una multiplicación. Siento que viene una cosecha de almas masiva.

Cuando Jesús multiplicó los panes y los peces, alimentó a más de 5000 personas, sin contar a las mujeres y a los niños, ellos no entraban en la lista. Pero ¿de dónde salieron los panes y los peces que Jesús multiplicó? De un niño que no estaba contado en la lista. Aquellos con quienes nadie cuenta, los que no están en la lista, a ellos Dios empezará a levantar y a provocar milagros de multiplicación y de avivamiento.

Aunque tu padre y tu madre te hayan abandonado, aunque hayas pasado los peores momentos de tu vida, tú también calificas para este tiempo. El niño tenía los panes y los peces, pero ¿quién crees que cocinó el pan? La madre, una mujer. De alguna u otra forma todos serán parte de este gran avivamiento. ¿Qué es lo que tienes para ofrecerle a Dios en este momento?

Yo le ofrecí mi nacionalidad, mis anhelos, mis sueños, aún mi juventud. Salí de Brasil con 19 años. No podía entrar en Argentina porque era menor de edad, y como mi esposa era mayor que yo, firmó por mí. ¡Qué bueno que haya alguien que crea en ti, por ti y a través de ti! La soltería no es un problema. Dios siempre tendrá lo mejor para ti. Y si todavía no recibiste lo que tú quieres, es que todavía lo mejor para ti es Dios. Ofrece a Dios tu mejor parte.

¿Qué es lo que Dios te está pidiendo en este tiempo? ¿Qué es lo que el cielo te está pidiendo en esta etapa? El Espíritu Santo te despertará de noche. Y lo hará para que ores. Dios te está llamando. El altar te está buscando. ¿Cuánto tiempo más va a pasar?

> **"COMENZASTE A LEER ESTE LIBRO CAMINANDO, PERO LO FINALIZARÁS VOLANDO ESPIRITUALMENTE."**

Dios fue a Brasil y buscó a un morenito llamado Ronny, en la ciudad llamada Espíritu Santo para enviarlo a otra nación. Y tú, ¿cuándo responderás? Es que cuando un papá habla, no lo hace para insultar sino para hacerte entender que sus palabras son dichas con amor para atraerte hacia Él. Entre risas y llantos, seguramente revisarás en tu mente tantas promesas que Dios te ha dado. Dios cuenta contigo. Entiendo tu dolor, tu frustración y las decepciones de la vida. Pero, Dios cuenta contigo.

Mi papá abandonó a mi mamá cuando ella quedó embarazada. Yo me crié juntando cartones y botellas. Pero me enamoré de Dios. Y cuando alguien se enamora de Él, no hay excusas. Este es el tiempo de los improbables.

Tres veces intenté suicidarme: a los 8 años, a los 10 años y a los 12 años. Era un niño y no tenía ganas de vivir. Alguien me trajo al mundo, pero nadie quiso hacerse cargo de mí. Empecé a consumir todo tipo de vicio. También el uso de las armas.

Pero siempre que tenía hambre iba a una casa cercana que tenía una planta de mango. Saltaba la cerca, cortaba el fruto y lo comía. Tomaba los mangos prestados sin que el dueño lo supiera. De pronto, un muchacho se acercó a la ventana, me vio y me gritó: «La próxima vez que te vea robando los mangos, te voy a agarrar. Ya vas a ver».

NO DEFRAUDES LA CONFIANZA DEL CIELO

A los 16 años me invitaron a un evento en la playa, donde una joven señora comenzó a cantar: «Dios no rechaza oración. Oración es alimento. Nunca vi un justo sin respuesta o quedar en sufrimiento».

Entonces le dije a mi amigo: «¿Qué espectáculo tan raro es este?». El amigo que me invitó me dijo: «No es un espectáculo, es una campaña evangélica». Fui llevado engañado a una campaña evangélica, y tenía un arma en el frente, escondida en mi pantalón y otra en la espalda. Ese fue mi primer contacto con Dios.

El evento se llamaba: «Jesús, vida en el verano». La mujer que estaba cantando se llama Casiana. Durante un momento, ella dejó de cantar, me señaló y dijo: «Aunque tu padre y tu madre te hayan abandonado, yo con todo te tomaré en mis brazos». Yo no sabía nada acerca de la profecía. Había más de 40.000 personas y yo pensaba que el chismoso de mi amigo le había ido a decir a esta mujer acerca de mi vida. Ese fue mi primer contacto con una profecía.

Ella continuó diciendo: «Dios te está llamando como profeta y te envía a las naciones. Dios te pondrá delante de presidentes, gobernadores, hará algo tan grande contigo que cuando te vuelva a ver, no te voy a reconocer». Luego de decir eso, se fue.

Esa noche me entregué a Cristo. Comencé a congregarme. Me quise bautizar, y el pastor me dijo que no estaba listo porque hacía solo tres días que había aceptado a Jesús. Entonces me senté a escuchar las reuniones. Obedecí.

Una noche, el pastor entró a la reunión y dijo: «Dios quiere hacer algo aquí. Cierra los ojos para que veas». No entendí. Lo lógico es que para ver hay que tener los ojos abiertos. Entonces me explicó que un pecador con los ojos abiertos mira los cielos desde afuera. Pero un creyente con los ojos cerrados mira los cielos desde adentro.

Cerré mis ojos y comencé a recibir una visión. Esa fue la primera. Hacía tan solo cinco días que me había convertido. Vi a alguien vestido de blanco, supongo que era un ángel, con una antorcha en la mano, y la dio vuelta. Y mientras volaba, la clavó sobre mi cabeza. Entonces comencé a caminar entre las personas, ponía mi mano sobre ellas y hablaba en lenguas. Así uno tras otro. Hasta yo estaba hablando en un lenguaje que no sabía lo que significaba. Cuando me di cuenta, estaba sobre la plataforma hablándole al pastor y diciéndole: «El Señor dice: Esto está ocurriendo porque ayer a las tres de la madrugada estabas de rodillas, orando y pidiendo un avivamiento, y llegó hoy». El pastor me miró y me dijo: «Ronny, ese es el don de profecía. Ahora sí, estás listo para bautizarte».

Luego del bautismo, todo cambió y se hizo nuevo. Entonces comencé a pedir por mi ayuda idónea. Una tarde entré a la iglesia y había una joven que estaba enseñando a tocar la guitarra, y aunque lo mío era la batería, me dio ganas de aprender a tocar la guitarra.

Me acerqué a ella y le dije: «Hermana Glaucia, creo que siento cosas por usted». Ella respondió: «La sangre de Cristo tiene poder. Tú vienes del mundo, yo soy una hija de Dios y quieres robarme el propósito. Te conozco, diablo». Yo lloraba por lo que me había dicho. Continuó diciendo que no se iba a soltar de las manos de Jesús por cualquier aventura. Entonces le respondí: «Voy a orar por ti». Ese es el secreto: la oración lo cambia todo.

Comencé a orar y ella empezó a mirarme con otros ojos. La oración causó efecto. Luego me dijo: «Ronny, ¿podemos orar juntos?». Y así lo hicimos por un año: orando y ayunando. No hubo nada de toques de mano ni abrazos. Hasta que un día me dijo:

—Tengo el ok de Dios. Vamos a hablar con mi papá.
—Muy bien, ¿dónde vives? —pregunté.
—¿Ves aquel terreno que tiene la planta de mangos?
—Sí, la veo, ¿es la casa de al lado?
—No, ahí, donde está la planta de mangos. Allí vive toda mi familia.

Entonces descubrí que el que me gritaba desde la ventana era mi cuñado.

Hablé con mi suegro y me preguntó:

—Muy bien, y ¿cuánto tiempo van a estar de novios?
—Deme seis meses, me comprometo y luego me caso, —respondí.

Entonces me pidió que doblara mis rodillas porque quería orar por mí. Hasta hoy creo que él quería probar si en verdad yo me iba a manifestar.

En el día de mi boda, mi esposa con sus 20 años y yo con 18, mi suegro entró tomando del brazo a Glaucia, vestida de blanco. Toda la gente que nos quería estaba allí. Cuando llegaron al altar, mi suegro se me acercó y me dijo: «Ronny, hasta hoy la cuidé yo, hice lo mejor que pude, di lo que podía y lo que no podía también. Si no vas a ser mejor que yo, sé hombre y déjala en mi casa». En ese ambiente de gloria recibí a mi esposa en el altar.

Hasta ese día que nos casamos, había dormido en el piso. La primera vez que descansé en una cama fue cuando me casé. Mi mudanza fue solamente una caja de cartón. Todo lo que había logrado en 18 años lo tenía ahí. Entonces le dije: «No te preocupes, si tengo a Dios y te tengo a ti, ya no necesito nada más».

A los dos meses de habernos casado recibimos el llamado misionero para ir a Argentina. Desde ese día hasta hoy, es una larga historia. Lo que trato de decirte es: «Yo era un improbable». No podía estar donde estoy hoy, ni hacer lo que hago. Pero debes saber que mi papá es el mismo que el tuyo.

Hay lugares que yo voy y otros que Dios me envía, solo para decirte que quites las excusas, los «yo no puedo», Dios cuenta contigo. No defraudes la confianza del cielo. Tienes al Padre, al Hijo y al Espíritu Santo. No tienes excusas. El mundo necesita de personas como tú. Dios tiene un propósito contigo en el lugar donde te llamó. Algunos hablan del destino, pero yo lo llamo propósito, lo llamo Espíritu Santo. Dios tiene un propósito contigo en el lugar donde te encuentras.

¿Estás dispuesto a vivir una locura radical en los próximos años?

Antes de conocer a Dios, mi único sueño y preocupación era saber qué iba a comer al día siguiente. Hoy cierro los ojos en un país, y al abrirlos estoy en otro. Ahí es que me pierdo, y no sé dónde estoy. Me llamaron de Japón y me dijeron: «Necesitamos del fuego que hay en Latinoamérica». Me invitaron desde Turquía y de Rusia también.

Quizás, mientras lees este libro, recordarás esa palabra que algún predicador te dio cuando te dijo que prepararas tu pasaporte porque Dios te iba a llevar a otro país. Y si hasta ahora ese pasaporte está intacto, en este tiempo verás el cumplimiento de esa promesa. No vivirás de promesa tras promesa, sino de cumplimiento tras cumplimiento.

Dios cambió mi historia. Soy un improbable. Estamos en los últimos días, soy parte de las palabras que dijo Joel: «Vuestros hijos profetizarán». Soy parte de la lista de aquellos que, aunque no habían sido contados, fueron utilizados.

Estás leyendo este libro porque tus manos serán de cambio, de transformación. Hay personas con propósito que Dios pone en tu camino que, por tan solo estar cerca de ellos, te sacarán de la esclavitud y te conectarán con el reino. Tu futuro está siendo transformado por estas páginas. Tu destino será transformado al finalizarlas.

Seguramente, estás sintiendo tu corazón ardiendo, hay una explosión en ti. El Señor le dará a tu vida un tiempo de fluir como nunca. Hay canciones, prédicas y profecías que brotarán de tu interior. Hay dones y talentos que serán activados. Dios está despertando lo que hay en tu alma, lo que hay en tu espíritu, lo que el mundo y la mediocridad trataron de apagar, Dios lo ha activado. ¡Prepárate! ¡Tú eres parte del próximo avivamiento! ¡Levanta tu voz, el cielo te quiere escuchar!

PROFETIZO SOBRE TU VIDA

Al terminar de leer este libro, oro para que la Presencia de Dios sea derramada sobre ti y que un fluir genuino y profundo sea provocado y activado donde quiera que pise la planta de tus pies. Comenzaste a leer este libro caminando, pero terminas de leerlo lleno de fe y de osadía para volar y alcanzar lugares aún más altos.

Profetizo que de aquí en adelante mirarás todo desde arriba, y en los próximos días verás el cielo abierto a tu favor. Dios te quiere ver en las alturas. Fuiste diseñado para los lugares altos. Por lo tanto, abre tus alas, alza tu vuelo. ¡Tu tiempo y tu hora han llegado!

Prepárate para ver cada promesa y palabra liberada en este libro cumplirse en tu vida. Prepárate, porque de ahora en más, cada día vivirás bajo la bendición de Dios.

Ya estás listo para vivir lo que Él liberó sobre ti. Te doy la bienvenida la mejor temporada de tu vida.

Algunos intentarán hacerte dudar. Otros pretenderán quitarte lo que Dios te entregó. Muchos no entenderán por qué tu vida cambió de una forma tan rápida. Mi consejo es que no intentes explicarles, porque no lo entenderán, y ahora tú ya sabes el porqué:

LOS QUE CAMINAN, NO ENTIENDEN A LOS QUE VUELAN.

ACERCA DEL AUTOR

El profeta y predicador Ronny Oliveira nació el 22 de febrero de 1985 en la ciudad de Vitória, Espírito Santo, Brasil. Está casado con Glaucia Barreto Ferreira y tiene tres hijos: Gabriel, Lucas y David. Desde 2005, son pastores del Ministerio Nueva Alianza en la ciudad de Santiago del Estero, Argentina. Su ministerio ha impactado a miles de personas no solo en las Américas, sino también en Europa, Asia y África. Ha viajado a más de sesenta países, llevando a miles de personas a conocer a Cristo a través de una palabra profética específica y oportuna, y se ha convertido en una gran inspiración y referencia para aquellos que desean escuchar la voz de Dios y caminar en lo profético.

CONTÁCTANOS

📷 apronnyoliveira

f Rony Oliveira

▶ Profeta Ronny Oliveira

✉ ronnyoliveira8@hotmail.com

🌐 ronnyoliveira.com

www.ingramcontent.com/pod-product-compliance
Lightning Source LLC
Chambersburg PA
CBHW070319010526
44107CB00004B/360